LES ORIGINES

DE

LA POÉSIE LYRIQUE EN FRANCE

AU MOYEN ÂGE

PAR M. GASTON PARIS

MEMBRE DE L'INSTITUT

(Extraits du Journal des Savants. — Novembre et décembre 1891, mars et juillet 1892.)

PARIS

IMPRIMERIE NATIONALE

M DCCC XCII

LES ORIGINES

DE

LA POÉSIE LYRIQUE EN FRANCE AU MOYEN ÂGE.

(Extraits du JOURNAL DES SAVANTS. — Novembre et décembre 1891, mars et juillet 1892.)

LES ORIGINES

DE

LA POÉSIE LYRIQUE EN FRANCE

AU MOYEN ÂGE

PAR M. GASTON PARIS

MEMBRE DE L'INSTITUT

PARIS

IMPRIMERIE NATIONALE

M DCCC XCII

Les origines de la poésie lyrique en France au moyen âge.
Études de littérature française et comparée, suivies de textes inédits, par Alfred JEANROY, ancien élève de l'École normale et de l'École des hautes études, chargé du cours de langue et littérature méridionales à la Faculté des lettres de Toulouse. Paris, Hachette, 1889, in-8°, xxi-523 pages.

———

Le sujet traité par M. Jeanroy dans ce beau livre est extrêmement neuf et original; il ne pouvait tenter qu'un esprit très curieux et très réfléchi, il ne pouvait même être découvert que par un esprit de cette sorte : aucun des critiques qui se sont occupés de l'histoire de la poésie lyrique chez les différents peuples du moyen âge ne l'avait aperçu ni même soupçonné. On avait bien constaté en général que la poésie lyrique du Nord avait été, à un moment donné, influencée par celle du Midi, et qu'il avait dû exister en français une poésie lyrique spontanée et populaire, antérieure à cette influence; on avait même cru la reconnaître, plus ou moins intacte, dans un certain nombre de genres lyriques dont nous avons des spécimens; mais on n'avait pas eu l'idée d'étudier de près ces genres eux-mêmes pour contrôler cette hypothèse, et de rechercher, par l'étude de la poésie populaire en général et la comparaison des littératures du moyen âge étrangères à la France, quel avait pu être le caractère de la poésie lyrique française la plus ancienne. On s'était arrêté, pour ainsi dire, aux collines qui formaient l'horizon le plus proche; en les gravissant, M. Jeanroy a vu s'ouvrir devant lui tout un nouvel horizon, plus vaste et plus vague, inexploré jusqu'à lui. Il s'est donc proposé, pour le sujet de la thèse de docteur ès lettres qu'il a brillamment soutenue devant la Faculté de Paris, l'étude critique des restes et des indices de la plus ancienne poésie lyrique née au moyen âge dans la Gaule du nord. Ce sujet est double, et la dualité, parfois presque contradictoire, des points de vue où l'auteur a dû se placer fait que son livre a pu paraître manquer d'unité, son plan de clarté, et ses chapitres de lien intime. Mais, quand on y regarde de près et qu'on relit la très sobre et très significative introduction, on reconnaît au contraire que cette dualité apparente se ramène sans peine à une unité plus profonde, et que tous les chapitres du livre convergent vers un même but. Dans la première partie de son travail, M. Jeanroy s'attache à montrer que les genres lyriques français des xiiᵉ et xiiiᵉ siècles (pastourelles, débats, aubes, chansons dramatiques, *rondets*), qu'on a généralement jugés autochtones et populaires, ne sont, au moins dans la forme où ils nous sont parvenus, ni l'un ni l'autre, mais qu'ils viennent du midi de la France et ont été cultivés au nord dans le même milieu « courtois » où a fleuri plus tard la poésie directement et servilement imitée des Provençaux : toute cette partie est donc consacrée à signaler dans les pièces qui y sont étudiées les traits qui ne sont pas populaires et spontanés, et aboutit nécessairement à des conclusions négatives. Dans la seconde partie au contraire il s'agit de retrouver, par l'étude de notre poésie populaire et des imitations étrangères, les genres populaires qui ont vraiment existé en France, mais qui s'y sont perdus ou n'ont laissé que des traces plus ou moins certaines de leur existence : elle aboutit à des conclusions affirmatives. La poésie lyrique spontanée de la France du nord, que la première partie semblait avoir réduite à néant, retrouve dans la seconde une vie et une richesse qu'on n'avait pas devinées, et les diverses nations qui, d'après M. Jeanroy, l'ont adoptée, et qui, ayant oublié d'où elle venait, ont cru jusqu'à présent qu'elle était leur fille légitime, la voient avec surprise revendiquée par sa véritable mère. Ainsi tout l'ouvrage roule bien sur cette poésie lyrique primitive de la France du nord : on nous dit d'abord qu'elle n'est pas où on la trouvait jusqu'ici, et on nous la montre ensuite où on ne se doutait pas qu'elle fût. La troisième partie, consacrée à des études de versification très minutieuses, peut sembler au premier abord un appendice quelque peu extérieur : il n'en est rien quand on la lit avec attention; elle transporte simplement dans le domaine de la forme la démonstration que les deux premières parties ont essayée en s'occupant surtout des sujets; elle étaye et complète constamment cette démonstration, même quand elle a l'air de se perdre dans des détails de pure micrographie.

Le livre de M. Jeanroy a donc une réelle unité, et il est même composé avec un art incontestable; on peut seulement reprocher à l'auteur de n'avoir pas assez mis en relief les grandes divisions de son sujet, la méthode avec laquelle il l'a traité et les raisons de l'ordre qu'il a suivi. Il a fait précéder la partie historique et reconstructive par la partie négative, et dans l'exposé historique lui-même il fait à tout instant intervenir la polémique. L'étude des poésies étrangères au point de vue de leurs rapports avec la poésie française est présentée deux fois de suite, une première fois en résumé, puis spécialement et en détail pour chacun des pays qu'elle concerne. Enfin l'œuvre manque d'une conclusion nettement exprimée. Les quelques pages (439-449) qui portent ce titre sont très suggestives et se terminent par une comparaison charmante entre la vieille poésie populaire française et la fantastique héroïne, née de France *la loee*, fille du rossignol et de la *sereine*, vêtue de feuillage *qui verdist quant li tens mueille*, chaussée de fleurs de mai, ombragée de roses, qui apparaît, dans un rêve de méridienne, à l'auteur d'une de nos chansons; mais le lecteur est un peu désappointé en n'y rencontrant que des remarques assez vagues et générales sur la nature de cette poésie, son origine et ses sources, et en n'y rencontrant rien du tout sur l'époque et les conditions de sa naissance. On voit bien, en relisant plusieurs fois le livre (et il en vaut la peine), que l'auteur a réfléchi sur toutes ces questions, et çà et là on peut deviner son opinion à quelque remarque incidente; mais on voudrait qu'il eût précisé davantage les points où il sait, ceux où il croit et ceux où il doute, et qu'il eût disposé ses idées dans un ordre plus facile à embrasser : c'est ainsi que la pensée peut-être la plus importante du livre, celle qui rattache la poésie lyrique du moyen âge, au moins dans sa plus grande partie, aux fêtes du printemps et aux danses qui les accompagnaient, n'est exprimée positivement que vers la fin du livre (p. 386 et suiv.), sous une rubrique qui ne la fait nullement pressentir, et dans la partie consacrée à la versification, où plus d'un lecteur n'ira peut-être même pas la chercher. Ayant fait dans son ouvrage une part considérable à la polémique, et l'ayant souvent menée avec une vivacité qui, pour prendre volontiers une forme discrètement ironique, n'en est pas moins sensible, l'auteur semble avoir été préoccupé de ne pas prêter lui-même le flanc aux attaques qu'il provoque, et de s'abriter derrière des restrictions ou des demi-concessions qui ne permettent pas toujours de voir bien clairement sa pensée. Cette disposition sans doute inconsciente se rencontrait chez l'auteur avec une circonspection naturelle, qui est faite de prudence et d'ouverture d'esprit, en sorte que, devant un problème, il voit les diverses solutions possibles et il n'ose en déclarer aucune certaine : c'est une excellente condition pour exercer une bonne critique, mais elle est moins favorable pour une étude historique; aussi est-ce, comme on l'a déjà entrevu, le côté proprement historique qui est le plus faible dans le livre de M. Jeanroy. Il n'a pas pris soin de donner pour introduction à son œuvre un tableau des conditions externes (société, civilisation, mœurs) et internes (langue, versification) dans lesquelles avait dû naître la poésie lyrique en France, ni de rechercher à quel moment elle était née, si elle datait seulement du moyen âge ou remontait à l'époque romaine; il ne s'est presque pas occupé des témoignages positifs que, dans les siècles antérieurs aux monuments que nous en avons, on peut recueillir sur son existence; il jette le lecteur, à peine prévenu du sujet qu'il va aborder (sujet si neuf, comme je l'ai dit, qu'il aurait eu besoin d'être longuement expliqué) en pleine étude sur la pastourelle, puis sur le débat, l'aube, etc.; il le suppose déjà au courant de toutes les questions qui vont se poser devant lui, et précisément arrivé, dans l'évolution de son savoir et de sa pensée, au point où en était M. Jeanroy lui-même quand il a conçu l'idée d'où est sorti son livre. Qu'on joigne à cela que l'exposition de l'auteur n'est pas habituellement directe, qu'elle tourne volontiers, non sans adresse ni sans grâce, autour des motifs secondaires comme autour du sujet principal, que son style aussi, très agréable et très fin, est parfois d'une fluidité un peu fuyante, et on comprendra que plus d'un lecteur, même parmi les plus capables d'apprécier l'ouvrage et les plus disposés à rendre justice au mérite de l'auteur, se soit trouvé, après avoir lu ce gros volume, quelque peu déconcerté, et que la critique, tant en France qu'à l'étranger, soit restée jusqu'à ce jour presque complètement muette sur une œuvre dont cependant elle ne pouvait méconnaître ni l'intérêt ni l'importance.

A vrai dire, pour faire de ce livre un compte rendu suffisamment clair, il faudrait replacer le sujet qu'il traite dans tout le milieu dont l'auteur l'a détaché, tracer une histoire générale de la poésie lyrique populaire, rechercher les vestiges de la poésie populaire chez les Romains, en suivre les traces à travers les siècles d'obscurité des âges mérovingien et carolingien, examiner, en partant de ces données nécessairement hypothétiques, incomplètes et peu sûres, les plus anciennes chansons conservées dans les différentes parties de la Gaule, déterminer (et ici M. Jeanroy serait un guide excellent) leurs rapports avec celles des autres pays, et arriver enfin à l'épanouissement de la poésie lyrique du Midi et de celle qui au Nord en est imitée. Ce serait une tâche beaucoup trop vaste pour un article de critique, et pour laquelle en outre il faudrait réunir des informations et des compétences qui sont généralement séparées ou que même personne ne possède aujourd'hui; car l'histoire de la poésie lyrique, comme l'a très bien vu M. Jeanroy, est inséparable de celle de la versification, et celle-ci ne l'est pas moins de l'histoire de la musique et de l'histoire de la danse, dont la première est encore bien obscure, dont la seconde n'est presque pas ébauchée. Je me bornerai donc à étudier ici d'un peu près la première partie du livre de M. Jeanroy, celle qui concerne les genres lyriques anciens dont nous avons des échantillons plus ou moins nombreux, qu'on a cru pouvoir regarder comme appartenant à la poésie populaire et spontanée du nord de la France, et qui tout au moins ne se dénoncent pas de prime abord comme directement imités de la poésie des troubadours, ainsi que le font les chansons proprement dites. La deuxième partie ne pourra être définitivement jugée dans ses conclusions que quand les critiques de chacun des pays où M. Jeanroy porte les revendications de la poésie française auront repris la question après lui et discuté ses arguments; jusqu'à présent, que je sache, ils ne l'ont pas fait, et on ne saurait s'en étonner, car il faut du temps pour bien saisir un point de vue aussi nouveau que celui de l'auteur et prendre nettement position sur un terrain qui avant lui avait à peine été reconnu. Quel que soit le résultat de la discussion qui s'engagera, ce sera toujours un honneur pour M. Jeanroy d'avoir soulevé des questions aussi importantes et qui touchent aussi profondément l'histoire des origines de toutes les littératures modernes; je ferai plus loin quelques reserves sur son argumentation, sans contester que sa thèse soit essentiellement vraie, et que la France ait été l'initiatrice, je ne dirai pas de toute la poésie lyrique européenne [1], mais d'une part notable de cette poésie. La troisième partie, qui concerne la versification, est aussi d'un grand intérêt, et j'aurais d'autant plus de plaisir à l'étudier que les idées de l'auteur sur les origines des vers modernes se rapprochent beaucoup des miennes, et qu'il emploie pour ces études difficiles la méthode que j'ai toujours recommandée. Il s'est borné à étudier les vers qui lui ont paru propres à la poésie lyrique populaire, et il y a généralement reconnu un mouvement trochaïque, par opposition au mouvement ïambique [2] qui caractérise le vers épique : c'est encore là une idée originale et féconde, et qui suffirait à faire de cette partie du livre une contribution des plus intéressantes à l'histoire de la versification. Mais, pour en faire une critique sérieuse, il faudrait d'une part entrer à la suite de l'auteur dans des détails techniques extrêmement multipliés, et d'autre part embrasser dans son ensemble la question si compliquée du rapport de la versification moderne à la versification antique. Je me contente donc de signaler le haut intérêt de cette

[1] Il est incontestable, par exemple, que les Allemands ont eu une poésie lyrique qui ne devait rien à l'influence romane : les *leudi barbari* qui importunaient Fortunat, les *winileodi* que Charlemagne, en 789, défendait aux nonnes de composer ou d'envoyer, étaient des chansons certainement toutes nationales. Il n'est pas probable qu'en Italie la poésie populaire latine (voir dans le *Journal des Savants* de 1889 le compte rendu du livre de M. le comte Nigra) soit morte complètement, et que les chansons d'amour aient attendu pour renaître des modèles venus de France. Du reste, M. Jeanroy a partout formulé de sages réserves, et s'est limité à établir des emprunts réels, sans contester l'originalité possible d'autres pièces.

[2] Bien entendu, les mots trochaïque et ïambique sont pris ici au sens rythmique.

troisième partie, comme de la seconde, et je m'attache uniquement, dans ce qui va suivre, à la première partie du livre, qui d'ailleurs peut parfaitement s'isoler, et qui permet déjà de présenter quelques conclusions que les autres parties viennent seulement fortifier [1].

I

Comme je l'ai déjà indiqué, le plan suivi par M. Jeanroy n'est pas, à proprement parler, historique. Il ne cite pas les témoignages (tels que les ordonnances des rois, les décrets des conciles, les mentions des historiens) qui peuvent nous éclairer sur l'existence de la poésie lyrique en France avant l'époque où nous en découvrons les premières tiges; il ne s'occupe pas, au moins systématiquement, de réunir les noms sous lesquels nous apparaissent, dans les plus anciens textes, les monuments de cette poésie, et d'en rechercher l'origine et la signification; uniquement préoccupé, dans sa première partie, de prouver contre ses prédécesseurs que les genres dont il nous reste des échantillons, la pastourelle, l'aube, le débat, la chanson dramatique, le *rondet*, ne sont pas, comme ils l'ont cru, des genres populaires, il a omis de parler de quelques genres dont nous ne sommes pas toujours sûrs, vu l'incertitude de leur définition, de posséder de spécimens, mais dont les noms seuls semblent bien indiquer l'origine toute française et spontanée, la *rotrouenge* [2], l'*estrabot* [3], le *serventois*, etc. Cette omission tout externe a eu pour le fond même du sujet un inconvénient assez grave : les genres où l'on avait vu des productions spontanées et populaires du sol français sont tous (même les *rondets*, comme nous le verrons) des genres objectifs, dans lesquels le poète met en scène des personnages ou parle au nom d'autres que lui-même; ils ne sont donc, à vrai dire, qu'à demi lyriques. Mais la poésie lyrique propre, celle dans laquelle un poète exprime directement ses sentiments, a dû exister antérieurement à l'école provençale, bien qu'elle ne nous ait pas laissé de monuments; il est probable qu'elle s'exprimait surtout dans les *rotrouenges*, et M. Jeanroy aurait traité

---

[1] Je ne dois pas oublier l'appendice, qui contient 29 pièces, toutes intéressantes, presque toutes inédites, fort bien publiées d'après tous les manuscrits.

[2] Voir sur ce mot, qui désigne une chanson munie de refrain, un article important de M. Paul Meyer, dans la *Romania*, XIX, 36-40. Il est impossible de rattacher *rotrouenge* à *rote*, comme on l'a souvent tenté. On peut songer à voir dans la première partie un dérivé de *ruptura*, qui aurait signifié *refrain*, mais que faire de la terminaison ?

[3] Voir sur ce mot l'article du *Journal des Savants* cité plus haut.

cette intéressante question s'il s'était attaché, comme il était naturel qu'il le fît, à définir d'abord les termes techniques du sujet qu'il étudiait. J'en dirai autant de l'*estrabot*, dont le nom est fort intéressant puisqu'il paraît bien nous faire remonter à la poésie populaire latine : c'était une chanson satirique, et précisément nous avons des témoignages curieux sur l'existence dans la France du nord de chansons de ce genre à une époque très ancienne : le plus précieux est le passage bien connu d'Orderic Vital où il raconte comment Henri Ier, roi d'Angleterre, en 1124, condamna un chevalier, Luc de la Barre, à avoir les yeux crevés (supplice qu'il évita en se donnant la mort), parce qu'il avait composé et chanté sur lui des chansons plaisantes et injurieuses; ainsi, dès le commencement du XIIe siècle, nous voyons les chevaliers du nord de la France (Luc de la Barre était normand) s'adonner à la poésie, composer et chanter des chansons : des faits de ce genre ne valaient-ils pas la peine d'être relevés dans une étude sur les origines de la poésie lyrique? cependant on en chercherait vainement la mention dans le livre de M. Jeanroy. Je ne saurais avoir l'idée de combler ici cette lacune.

Une autre omission, qui surprend encore davantage au premier abord, n'est qu'apparente : c'est celle des chansons lyrico-épiques qu'on s'est habitué à désigner sous le nom de « romances » et que le moyen âge appelait *chansons de toile*. On s'attendrait à ce que l'auteur leur eût consacré un des chapitres de sa première partie, comme aux pastourelles, aux débats, etc., et même le premier chapitre, puisque, de tout ce qui nous est parvenu de notre ancienne poésie lyrique, les « romances » sont ce qu'on s'est le plus généralement accordé à considérer comme spontané et populaire. La raison qu'il donne pour ne l'avoir pas fait (p. 1, 2) est un peu brève : « Nous rangeons, dit-il, en dehors de la poésie lyrique proprement dite les romances....., dont nous aurons cependant à parler plus loin. » Et en effet, plus loin (p. 216-226), nous trouvons une excellente étude sur ces chansons, dans laquelle on montre qu'elles sont apparentées de très près aux thèmes des *rondets*, et on déclare même que ce sont « les seules pièces complètes qui nous aient conservé intactes les habitudes de notre lyrique primitive ». Si les « romances » n'appartiennent pas à « la poésie lyrique proprement dite », il est difficile de soutenir que les chansons dramatiques, les pastourelles, les débats lui appartiennent davantage. Il était donc indiqué de débuter par un chapitre sur les *chansons de toile*. Si M. Jeanroy ne l'a pas fait, c'est sans doute qu'il ne voulait étudier dans sa première partie que des genres qu'on avait déclarés populaires et qu'il soutenait ne pas l'être; mais ce plan quelque peu artificiel a fait tort à la clarté de son exposition. Je n'entreprends pas d'ailleurs ici l'étude des *chansons de toile;* elle pose des questions très multiples qui dépassent le sujet du livre de M. Jeanroy et auxquelles je pense avoir prochainement l'occasion de revenir.

II

Si les romances avaient rempli, comme il était naturel, le premier chapitre du livre de M. Jeanroy, les chansons qu'il appelle *chansons dramatiques*, et que j'appellerai plutôt *chansons à personnages*, en occuperaient sans doute le second, au lieu de venir comme elles font après les pastourelles, les débats et les aubes. Elles sont en effet, malgré des différences que le savant auteur a mises complaisamment en lumière, apparentées aux romances d'un côté comme aux pastourelles de l'autre, et c'est par elles que je commencerai.

Sous la même rubrique (*romances*) que les *chansons de toile*, Bartsch a compris dans son recueil une quarantaine de pièces qui se rapprochent de celles-ci en ce qu'elles mettent en scène des personnages, mais qui en diffèrent par leur forme et d'ordinaire par leur contenu. La forme n'est plus celle de strophes monorimes; le refrain est généralement absent (ou emprunté à des chansons de danse); les strophes ont une construction très variée; les vers ont un nombre très inégal de syllabes. Tandis que dans les *chansons de toile* les personnages sont toujours nommés, ici ils ne le sont jamais; il y a du reste encore moins d'action : tout se réduit d'ordinaire à un simple dialogue; les seules actions sont ou les caresses que se font des amants ou les coups qu'un mari donne à sa femme. Tandis que dans les *chansons de toile* il s'agit surtout de filles (souvent en conflit avec leurs mères), ici (comme dans trois seulement des *chansons de toile* conservées) il s'agit à peu près uniquement de femmes, dont les débats avec leurs maris forment le sujet de la plupart des pièces. Tandis que dans les *chansons de toile* le poète n'intervient pas [1], ici, dans la grande majorité des cas, il se met au premier plan, tantôt — c'est le plus rare — pour y rester et devenir lui-même un des interlocuteurs du dialogue ou un des acteurs du drame [2], tantôt — plus souvent — simplement pour rapporter le dialogue ou le drame dont il prétend avoir été auditeur ou témoin [3]; quelques pièces tiennent des deux formules, en ce que le drame se passe entre deux personnages,

---

[1] Sauf dans la strophe finale du n° 10, charmante d'ailleurs, mais qui accuse bien, par le ton et par le style, une date récente.

[2] N°ˢ 37, 39, 40, 43, 44, 46, 49, 50, 52, 53, 55, 63, 64, 68, 69.

[3] N°ˢ 21, 33, 34, 35, 36, 38, 41, 42, 45, 47, 48, 51, 54, 61, 65, 67.

mais que le poète y prend une part plus ou moins indirecte[1]. Il est clair que dans cette intervention indispensable du poète il y a une convention, une formule technique [2]. M. Jeanroy suppose qu'elle provient des pastourelles, mais il n'est pas probable que nos chansons aient subi l'influence directe des pastourelles, et d'ailleurs l'explication qu'il donne du rôle joué par le poète dans les pastourelles est, comme on le verra, très contestable. Je crois pour ma part qu'elle remonte aux jongleurs qui à l'origine chantaient ces chansons, mais elle est devenue de style et a passé aux gens du monde, quand il a été de mode pour eux de faire des chansons, car ici, comme dans les pastourelles, le poète se présente souvent comme un chevalier. Ces chansons, en général, ne sont pas anciennes, car : 1° il y en a de poètes nommés, qui sont tous du XIIIe siècle [3]; 2° elles sont rimées avec beaucoup de soin et construites avec un art recherché; 3° plusieurs d'entre elles sont munies de refrains empruntés à des chansons à danser, mode dont nous n'avons pas d'exemple avant le XIIIe siècle, et dont nous aurons à reparler. Elles n'ont pas, quelle que soit leur origine première, de fondement ni de pendant dans la poésie provençale qui nous est parvenue [4].

Le plus fréquent motif de ces chansons est le mariage, considéré uniquement du point de vue de la femme et comme un esclavage odieux, dans lequel le mari est un tyran grotesque, appelé *le vilain, le jaloux*, qui rend sa femme malheureuse parce qu'il n'est pas assez jeune ou assez aimable, qui l'injurie, la menace de l'enfermer, de la mal vêtir, qui la bat, mais qui n'en est que plus sûr du sort qui l'attend. Il est clair, et M. Jeanroy l'a fort bien vu, que nous avons là un thème purement conventionnel, et qu'un tel parti pris n'est conforme ni à la réalité des choses ni à la sincérité de la poésie spontanée. Ce thème se présente dans nos chansons sous cinq formes principales [5] : 1° le poète entend la femme se plaindre du mari (51, 68, 72); 2° le poète assiste à la dis-

---

[1] Ces pièces sont signalées dans l'une ou l'autre des deux catégories précédentes.

[2] Les n°s 22-26, 27-32, 52, 66, 71, qui ne la présentent pas, sont en réalité de simples chansons à danser.

[3] Audefroi, Moniot d'Arras, maître Guillaume le Vinier, maître Gille le Vinier, Moniot de Paris, Gavaron Gratelle, Colin de Champeaux, Colin Muset, Jocelin de Dijon, Baude de la Carrière. Richard de Semilli, seul des poètes nommés, paraît être du XIIe siècle.

[4] Sauf peut-être la romance de Marcabrun, et, d'autre part, la chanson de Guillaume IX, *En Alvernha*. Voir encore Bartsch, *Grundriss*, § 26.

[5] Je laisse de côté les pièces indiquées plus haut (n. 2) comme étant en réalité des chansons de danse. Une chanson de Moniot d'Arras publiée par M. Jeanroy (*App.*, n° XIX) nous fait entendre les plaintes d'une femme sans aucune mention du poète.

pute de la femme et du mari (35, 41, 42, 45); 3° le poète assiste à une entrevue de la femme et de son ami, qui disent leur pensée sur le mari (38, 65); 4° c'est le poète lui-même qui console ou essaye de consoler une femme dont il entend (69) ou provoque (49, 64) les plaintes; dans ces chansons, le mari est parfois oublié et il s'agit, comme dans les pastourelles, d'un simple entretien galant (37 [1], 39 [2], 40, 50 [3], 63 [4]); 5° le poète assiste à l'entretien de deux femmes [5] qui échangent leurs doléances (48, 67 [6], 47 [7], 36 [8]).

Tels sont les cadres et les sujets habituels de ces petits tableaux peu édifiants. D'autres semblent bien n'être que des variations postérieures des thèmes primitifs. Ainsi, au lieu de *mal mariées*, ce sont des nonnes mécontentes dont le poète entend les plaintes (33, 34); ou il s'agit d'une fille enceinte (comme dans les *chansons de toile*) qui appelle son ami (43); ou c'est une demoiselle qui rencontre le poète et qui refuse de l'écouter par fidélité à son ami (70) [9]; une pièce de Colin Muset donne à l'aventure amoureuse un caractère fort original (73). Signalons enfin la chanson d'Audefroi (61), où c'est un chevalier dont le poète entend et apaise les lamentations : on voit là une dernière variation du genre, qui est restée isolée (il y en a de semblables dans les pastourelles); à cette exception près, répétons-le, toutes nos chansons, comme les *chansons de toile*, mettent des femmes au premier plan et sont faites au point de vue des femmes [10].

[1] Dans cette pièce curieuse c'est la dame qui fait des avances, d'abord étrangement reçues.

[2] Ici le poète a seulement l'air d'avoir obtenu les bonnes grâces de la dame.

[3] Le poète veut gagner la dame; elle lui oppose sa fidélité à un premier ami (cf. 70).

[4] Cette pièce sort tout à fait du genre habituel : le poète se promène, absorbé dans de tristes pensers, et il est réconforté par les bonnes paroles de deux amants qu'il rencontre.

[5] Par exception, dans la pièce 21, tout à fait caractéristique, imitée visiblement de poésies populaires, ce sont trois dames qui expriment leur opinion sur le mariage et l'amour.

[6] Deux femmes comparent leurs maris, et par extraordinaire l'une d'elles est contente du sien.

[7] Pièce très curieuse, où une femme donne à une autre de savants conseils d'hypocrisie.

[8] Ici il y a une action : l'ami de l'une des femmes survient, et l'autre se fait la complice de leurs amours.

[9] De même II, 96, pièce rangée à tort parmi les pastourelles. Cf. n° 50, où une dame joue le même rôle. L'intention de varier est ici bien visible par le début de la pièce, où le poète, avant de rencontrer la demoiselle, rencontre d'abord une dame et un chevalier qu'il évite de peur de les troubler.

[10] Cette circonstance, sur laquelle j'aurai plus d'une fois à revenir, et dont M. Jeanroy a parfaitement vu la haute importance pour tout le sujet de son livre, a donné lieu de sa part, à propos de nos chansons, à quelques inductions très intéressantes. Ainsi il est porté à

Quelle est l'origine, quel est le caractère de ces chansons? Et d'abord peut-on leur donner, comme aux *chansons de toile*, un nom particulier et qui remonte à l'usage ancien? M. Gröber a cru en trouver un dans le mot de *son d'amours* par lequel l'auteur d'une des pièces réunies par Bartsch (n° 28) désigne sa composition [1]. Mais, comme l'a remarqué M. Jeanroy (p. 6, n.), cette expression n'a pas un sens précis. *Son* en provençal veut dire simplement « air »[2]; en français il a d'abord ce sens [3], puis celui de « chanson légère, chanson d'amour »[4]. Tout ce qu'on peut dire, c'est qu'il ne s'applique pas à la chanson courtoise, artistique, au « grand chant »[5]. Il faut en dire autant du diminutif *sonet*[6]. Par conséquent, ce nom ne convient pas à nos

croire que toutes les chansons courtoises attribuées à des femmes sont l'œuvre d'hommes, et il ne voit dans les chansons où une femme se plaint de l'absence de son ami parti pour la croisade que des variations de notre thème. Il y a peut-être cependant quelque excès dans ces conclusions, présentées d'ailleurs hypothétiquement (p. 96, 99).

[1] Un autre (n° 46) appelle la sienne *sonet*.

[2] Voir le dictionnaire de Raynouard.

[3] *Mainte bele chançon, Maint biau dit, maint conduit, Par son deduit Est mis en son* (G. Raynaud, *Motets*, I, 10). — *Des fables fait on les fabliaus, Et des notes les sons noviaus* (Montaiglon et Raynaud, *Fabl.*, CXXIX, 1-2). — *Une chansonnete, Dont mout me plaisoit li sons* (Bartsch, III, 52, 10). — *Et chantent un novel son D'un doz lai* (ibid., III, 29, 8).

[4] *Et chantoit un son d'amors, Qui mout est jolis : « Li pensers trop m'i querroie De vous, douz amis. »* (Bartsch, III, 42 : ce n'est nullement, comme on le voit, une chanson du genre des nôtres). Voir encore Bartsch, II, 18, 9; Adam de la Halle, *Congé*, v. 40; *Renart le nouvel*, v. 6231, etc. Du français ce sens a passé à l'ancien italien *suono* : « Cominciarono a cantare un suono le cui parole cominciano : *La ov'io son giunto, amore.* » (Boccace, XCVII, 12). De même en breton le mot *sonn* désigne une chanson d'amour par opposition à *gwerz*, chanson narrative.

[5] La pièce de Tibaud de Champagne citée par M. Jeanroy (*Pour conforter ma pesance Fais un son*) est bien courtoise, mais très légère de forme, et munie du refrain populaire *é, é, é!* Les pièces provençales introduites en France y reçoivent souvent le nom de *sons*, et surtout de *sons poitevins*; c'est un point à examiner à part.

[6] Déjà en provençal : *Quant aug dir a la fontana Mon sonet rauquet e clar* (Guiraut de Borneil); *Li sonet que fan li joglar, Que viulan de trap en trap* (B. de Born). — En français les exemples sont innombrables; je n'en citerai que quatre : *Cel jor i ot maint estrument sonné, Et maint sonet chanté et vielé* (*Aliscans*, v. 830); *Sonès et chançonetes comencent a chanter* (*Renaud de Montauban*, p. 12); *Et disoit en sa musete Ce sonet novel : « Deus doinst bon jor m'amiete, Qui cors a tant bel! »* (Raynaud, *Motets*, I, 100); *Li roseignols un sonet li a dit : « Pucele, amés, joie arés et delit »* (Bartsch, I, 71, 60). — De là l'italien *sonetto*, qui à l'origine a également un sens vague; on lit dans une chanson du XIII° siècle : *Pero ti prego, Dolcetto, Che sai la pena mia, Che me n' facci un sonetto, E mandilo in Soria*; Dante l'emploie encore ainsi. Mais déjà le mot s'était spécialisé : Francesco di Barberino, puis Antonio da Tempo don-

chansons⁽¹⁾, et nous n'en trouvons pas de spécial dans l'ancienne langue.

Sur l'origine et le caractère de ces chansons, M. Gröber a construit un système historique de pure imagination, que M. Jeanroy n'a pas eu de peine à renverser⁽²⁾. Il a très bien montré que nos chansons sont essentiellement des chansons de *mal mariées* : ce sont des chansons de femmes, et, comme nous allons le voir, des chansons de danse, que des jongleurs ont enlevées à leur milieu et qu'ils ont munies d'une introduction fort simple, qui consiste tout bonnement en ce qu'ils se représentent écoutant les plaintes de la *mal mariée*⁽³⁾. La première de nos cinq catégories est donc la plus ancienne : le monologue y est encore à peu près intact. Viennent ensuite les variations : intervention du mari (2°), de l'ami (3°), du poète (4°), d'une autre femme (5°). Quant à la substitution à la *mal mariée* d'une jeune fille, d'une nonne, d'un chevalier, etc., ce sont des tentatives pour rajeunir un genre vieilli.

M. Jeanroy a très à propos rattaché nos chansons aux danses qui accompagnaient les fêtes de mai, et il a montré, par le rapprochement de la fameuse ballade : *A l'entrada del tens clar*, et d'un précieux passage de *Flamenca*, que les femmes chantaient à cette occasion, en dansant, des chansons qui ressemblaient beaucoup aux nôtres. Il n'est pas, à mon avis, allé assez loin dans cette voie et n'a pas suffisamment indiqué le lien encore visible qui rattache aux fêtes du printemps les « chansons à personnages ». Le début de toutes nos chansons, sans exception, se rapporte au printemps et aux circonstances qui l'accompagnent, soit que le printemps⁽⁴⁾, ou avril⁽⁵⁾, ou le temps de Pâques⁽⁶⁾, ou mai surtout⁽⁷⁾,

nent les règles du *sonetto* qui est devenu notre sonnet.

⁽¹⁾ Comme le remarque M. Jeanroy, la pièce qualifiée par son auteur de « son d'amour » n'est même pas à proprement parler du genre des chansons étudiées ici ; c'est cette pièce fantastique dont il sera parlé tout à l'heure.

⁽²⁾ Je ne saurais trop recommander la lecture des pages (7-13) où M. Jeanroy combat ce système et expose des vues aussi fines que justes sur le rapport véritable de la poésie et de la société. On trouve là, comme dans plus d'un passage du livre, une pénétration psychologique des plus remarquables.

⁽³⁾ On a vu plus haut que M. Jeanroy croit, sans bonnes raisons, ce début imité des pastourelles.

⁽⁴⁾ *Quant se resjoïssent oisel, Au tens que je voi radoucir* (36); *L'autrier fors d'Angiers alai, Deduisant par un tens qai* (72); *Li joli tens qui renovelle Me fait mener joie et baudor* (42); *Quant noif remaint et glace font* (46; toute la strophe est à lire).

⁽⁵⁾ *Quant li douz tens rasouage, Au douz mois d'avril entrant* (37).

⁽⁶⁾ *L'autrier contre le tenz pascour* (50); *En l'onbre d'un vergier, A l'entrant de pascor, Dejoste un aiglentier, Ere por la verdor* (61).

⁽⁷⁾ *Quant ce vient en mai, que rose est florie, Je l'alai coillir par grant druerie*

y soit expressément mentionné, soit que le poète se représente cueillant la fleur[1], ce que l'on faisait comme une sorte de rite au mois de mai[2], ou, ce qui revient au même comme indication, dans un pré, un bois. un verger, un jardin, près d'une fontaine[3]. Il est évident que cette entrée en matière obligatoire et constante ne saurait être fortuite. Elle nous montre dans nos chansons une modification « jougleresque » des chants de danse (chants de femmes) du printemps, sur lesquels nous aurons à revenir, et dont le thème de la *mal mariée* était un des thèmes favoris [4].

C'est également à ces chants de printemps que se rattache, et de plus près encore, un groupe de chansons que Bartsch a également comprises dans le cadre flottant des « romances », et qu'il est tout indiqué de mentionner ici. Bien que ce ne soient pas à proprement parler des « chansons à personnages », elles se rapprochent de celles-ci en deux points : en ce que le poète se met en scène et raconte une aventure ou plutôt une impression qu'il a eue, et en ce qu'elles sont consacrées au printemps et à l'amour; mais elles ne nous présentent plus ce thème rebattu de la mariée mécontente, injuriant son mari, querellée ou frappée par lui; elles n'introduisent même plus de femmes parlant ou agissant. Elles ne mettent d'ordinaire en scène, dans un cadre de verdure et de fleurs, que des oiseaux, et notamment le rossignol, qui avait pris, sans doute encore à l'occasion des fêtes de mai, une sorte de signi-

(33); *L'autrier en mai, Au dous tens gai, Que la saison est bele* (63); *En mi mai quant s'est la saisons partie* (65); *C'est en mai au mois d'esté, Que florist flor* (52); *L'autrier le premier jor de mai* (69); *Par une matinee en mai* (70); *En mai fu fete un matinet* (73).

[1] *Quant ce vient en mai, que rose est florie, Je l'alai coillir par grant druerie* (33); *En un jardin m'en entrai, Por coillir flor* (53); *M'en alai coillir la flor, Joste un vergier* (38). C'est la même chose que veulent dire au fond les expressions de *joer* (49, 53, 63, 69), *esbanoier* (34, 44), *deduire* (72), *deduire et solacier* (70). Une variation récente est : *Pensant a un chant* (51).

[2] Il y aurait à faire encore bien des recherches sur les usages de mai au moyen âge; pour les usages encore vivants, on trouvera beaucoup de renseignements dans les beaux ouvrages de Mannhardt.

[3] La scène se passe dans *un pré* (21), *un vert pré* (48), *dalés un pré verdoiant* (67), dans *une praierie* (37), *un praietel vert et flori de novel* (40); dans *un bruelet* (41); *dalés un gal foilli* (45): *soz la codroie* (42), *desouz una vert coudrete* (48); dans *un vergier* (47, 55, 68, 70), *en l'onbre d'un vergier* (61), *en un vergier soz l'arbroie* (49), *en un vergier flori* (35), *en un vergier flori verdet* (73), *dejoste un vergier* (38); dans un jardin (34, 43, 53); près d'une fontaine (63, 70).

[4] M. Jeanroy pense que ce thème est originairement méridional, et qu'il n'est pas proprement populaire : les raisons qu'il donne pour ces deux opinions sont très délicates, mais pourraient peut-être se contester.

fication symbolique et mystique[1], ou bien on y voit figurer des personnifications poétiques, Amour et autres[2]. Dans une ou deux seulement apparaît une femme, mais ce n'est pas la mariée gémissante et impudique, poétique d'aspect seulement, au fond très réaliste et même vulgaire, des chansons précédentes : c'est un personnage de rêve, qui se montre subitement dans le bois au milieu des fleurs et des oiseaux, une sorte de fée du printemps qui n'a pas de réalité corporelle. Les oiseaux figurent seuls dans les pièces sans doute les plus anciennes (30 a, 27[3], 32[4]); dans une jolie pièce (29), la *pucele* apparaît dans le bois et inspire de l'amour au rossignol; dans une autre (66), le poète s'entretient et discute avec lui. La pièce 28, dont j'ai cité quelques traits qui forment la conclusion du livre de M. Jeanroy, est le chef-d'œuvre de cette poésie printanière : elle est malheureusement altérée et sans doute incomplète; elle est en outre écrite dans une langue étrangement hybride, où des formes du Midi s'allient avec des formes du Nord; mais elle est pleine d'une charmante et bizarre poésie, bien rare dans notre littérature, et qui fait penser, par sa fantaisie gracieuse et vague, aux morceaux les plus aériens de Shakespeare[5]. Le n° 52 est à peu près sur le même thème, mais bien inférieur et trop mélangé de réalité. Le n° 71 est un curieux pot-pourri de « refrains » sur des données analogues, qui nous montre bien comment cette poésie artistique[6] se rattache à la poésie populaire[7] des *chants de mai*.

S'il fallait donner un nom à ces chansons, qui ont toutes pour point de départ la joie produite par la venue du printemps, je les appellerais volontiers des *reverdies* (*raverdies*, *renverdies*[8]), mot qui en exprime à

---

[1] Les autres oiseaux aussi, mais à un moindre degré, étaient regardés non seulement comme les chantres, mais en quelque sorte comme les prêtres de l'amour. Je me propose d'écrire une étude sur l'histoire poétique, si l'on peut ainsi dire, du rossignol.

[2] Voir le n° 30 *b* et la pièce II, 2, qui figure à tort parmi les pastourelles, parce que le ms. de Berne lui donne ce titre.

[3] Charmante lutte entre le rossignol qui chante et le jongleur, auteur de la chanson, qui *citole*.

[4] Cette pièce est à proprement parler en dehors de notre genre, puisque le poète n'y figure pas.

[5] La pièce II, 2 (voir ci-dessus,

n. 2) présente avec celle-ci certaines analogies de ton.

[6] Des chevaliers y sont souvent mentionnés; l'enseignement amoureux donné par les oiseaux est essentiellement « courtois »; le rossignol, dans la pièce 27, s'indigne, tout comme le héros du *Lai de l'Oiselet*, qu'un « vilain » l'ait entendu, etc.

[7] En faisant sur l'emploi de ce mot les réserves qu'exposent les remarques de M. Jeanroy à propos des chansons de *mal mariée* (voir ci-dessus, p. 86, n. 4).

[8] Voici les exemples que je connais de ce mot sous ses diverses formes (il faut y joindre celui qui est donné ci-dessous, p. 55, n. 2). Le plus intéressant et

merveille et le cadre et le motif[1] ; mais les chansons que nous venons d'étudier ne sont pas les seules à mériter ce titre : il convient à toutes les chansons de printemps, et presque toute la poésie lyrique du moyen âge se ramène originairement à des chansons de printemps. Je me borne donc à signaler ce mot, qu'il est intéressant de relever comme prouvant l'étroite liaison de cette poésie nouvelle et du renouveau de la nature.

III

C'est par l'étude des pastourelles que s'ouvre la première partie du livre de M. Jeanroy. Il établit sans peine, d'accord en cela avec M. Gröber, que la pastourelle, telle que nous l'avons, est un genre aristocratique, et non, comme on l'a souvent dit, populaire (bien que la source en soit peut-être populaire) ; il la croit d'origine méridionale, et il la considère comme provenant de la fusion de trois éléments qui ont dû exister à l'état isolé : un débat amoureux ou *contrasto*[2] (dialogue entre une femme et celui qui la requiert d'amour), une *oaristys* (rencontre et embrassements de deux amants)[3], et un *gab* ou *vanto*[4], le poète de la pastourelle étant presque toujours le héros de l'aventure qu'elle raconte. Cela paraît bien compliqué, et surtout cela n'explique pas pourquoi l'héroïne est toujours une bergère et la scène à la campagne. « Tout le monde, dit l'auteur (rappelant les *gabs* fameux du *Pèlerinage de Charle-*

---

le plus ancien est de Gautier de Coinci (cité par Bartsch, p. xiii), qui, détournant au profit de la Vierge Marie les habitudes de la poésie profane, dit : *Chascun an li doi par dete Une raverdie* ; il semble bien résulter de là que la *raverdie* avait une occasion annuelle de se produire. Les autres exemples sont peu précis : *Et maint sonet et mainte renverdie* (Tibaud) ; *Por faire une raverdie* (Bartsch, *Chrest. fr.*, col. 337 ; Bartsch traduit bien à tort *raverdie* par « causerie ») ; *Faites nos une renverdie Por nos deduire a cest serein* (*Marquet la convertie*) ; *Et faisoit une reverdie Devant toute la compaignie Au flajot et au taburel* (G. de Machaut) ; ... *et je vous prie Que dions quelque raverdie* (*Myst. de la Nativité* de Rouen, II, 111 ; sur quoi les bergers chantent : *Joyeusement la garenlo*, etc.).

[1] Le n° 27 suggère tout naturellement cette dénomination par son début : *En mai au douz tens novel, Que raverdissent prael.*

[2] Ce nom italien est mis là à propos du fameux *contrasto* de Cielo d'Alcamo, dont M. Jeanroy parle longuement ailleurs.

[3] Ce thème existe-t-il réellement quelque part isolé du *contrasto* ? Je ne me rappelle pas l'avoir jamais rencontré dans la poésie populaire (sauf sous une forme tout à fait obscène qui n'est pas à considérer ici). L'idylle même de Théocrite à laquelle M. Jeanroy emprunte ce nom est un débat, suivi du succès de l'amant.

[4] Quelques petits poèmes italiens portent ce titre. Toutefois, pour le dire en passant, *gab* et *vanto* s'appliquent à ce qu'on fera et non à ce qu'on a fait.

magne), ne pouvait se vanter d'avoir été à Constantinople ; tout le monde au contraire avait certainement rencontré par les chemins quelqu'une de ces vilaines anonymes dont le démenti n'était pas à craindre... Peu à peu les bergères *semblèrent toutes désignées* pour jouer le principal rôle dans ces fantaisistes inventions, et c'est à elles qu'on l'attribue invariablement. C'est *donc* toujours à la campagne que l'action se déroule ; c'est une loi du genre, les portraits et les scènes rustiques y abondent (p. 18, et cf. p. 22). » La transition est habile dans son air négligé, mais il est trop évident qu'elle n'explique rien, et qu'il doit y avoir un lien nécessaire qui rattache ce genre à la vie pastorale dont il porte le nom. Sans discuter les ingénieuses explications de M. Jeanroy sur le *contrasto*, l'*oaristys* et le *gab*, je vais exposer ici brièvement la façon dont je comprends le caractère, l'origine et l'évolution de la pastourelle. D'abord, qu'est-ce au juste qu'une pastourelle[1] ? D'après la définition reçue, c'est essentiellement un petit poème, à strophes longues et de nombre indéterminé, à vers très divers mais généralement courts, dont le sujet est celui-ci : le poète, d'ordinaire présenté comme un chevalier[2], rencontre une bergère dans un pré et lui fait des propositions d'amour qui ont un sort variable, mais qui le plus souvent ont un succès immédiat, raconté avec plus ou moins de crudité. Il est vrai que dans la majorité des pièces françaises nous trouvons ce thème, mais ce n'est pas une raison pour le regarder comme primitif, ni comme essentiel. Voyons d'abord ce que veut dire en ancien français, à côté de son sens propre de « jeune pastoure », le mot *pastorele* employé comme terme de poésie. Il n'est pas fréquent ; je n'en connais que quelques exemples, et trois seulement, qui ne sont pas parmi les plus anciens, lui donnent avec netteté le sens où nous le prenons aujourd'hui : Jehan de Neuville appelle expressément ainsi une pièce qu'il envoie à Colart le Bouteiller et qui rentre bien dans le type ordinaire[3] ; le chansonnier Douce[4] présente une section intitulée *Pastoreles* et qui comprend en effet, avec quelque mélange, des pièces telles qu'on vient de les définir ; enfin le célèbre chansonnier de Berne donne le titre de *pastorcle* à neuf pièces[5] qui figurent dans le recueil de Bartsch,

---

[1] Bartsch, dans son précieux recueil intitulé *Romances et Pastourelles*, comprend sous le titre de pastourelles (II et III) plusieurs pièces (surtout fragmentaires) qui n'en sont pas, mais sont de véritables *ballettes* ; je ne m'en occupe pas.

[2] C'est un clerc par exception (II, 59).

[3] Bartsch, III, 35.

[4] O de la *Bibliographie* de M. G. Raynaud.

[5] Bartsch, II, 2, 4, 5, 7, 8, 10, 17 ; III, 36, 47.

et qui toutes, sauf la première [1], rentrent dans la même définition. Mais ailleurs *pastorele* paraît bien signifier simplement « chanson de bergers ». Dans une pièce du recueil de Bartsch qui n'est nullement une pastourelle, mais rentre plutôt dans la catégorie des chansons de printemps étudiées ci-dessus, un chevalier raconte une aventure fantastique qui l'a mené au pays de *Bone Amour;* là on l'invite à s'asseoir à table, et : *Une pucellete Avenant et bele Me cort aporter Chanson*[2], *pastorelle, Et note novelle Por moi deporter.* Gautier de Coinci, au commencement du XIIIe siècle, invitant les chrétiens à ne chanter que des chansons édifiantes, s'écrie : *Laissons ces viés pastoureles, Ces vielles riotes, Si cantons canchons noveles*[3]. Un jongleur, dans le débat bien connu des *Deus bordeors*, se vante de savoir *Et serventois et pastoreles*[4]. Les pastourelles de Froissart, auxquelles les manuscrits donnent expressément ce titre, sont des pièces où figurent des bergers et des bergères, mais qui n'ont rien de commun avec le thème indiqué plus haut. Dans un dernier passage enfin, le mot semble même s'appliquer simplement à un de ces refrains dénués de sens et imitant une modulation de pipeau qu'on trouve dans beaucoup de pastourelles : *Il... se releverent por meus noter Ceste pastorele : « Validureaus, lidureaus, lairele ! »*[5]. L'usage provençal ne nous renseigne pas mieux. Il connaît deux formes, *pastoreta*[6] et *pastorela*[7]; cette dernière, plus fréquente et plus récente, est appliquée à des pièces qui datent du XIIIe siècle et rentrent dans le moule conventionnel. La définition des *Leis d'Amors*[8] ne considère que la forme et laisse le fond quelque peu dans le vague; il en ressort du moins clairement que, pour les rédacteurs, *pastorela*, employé comme terme de poésie, conserve néanmoins son sens propre de « bergère ». La *pastorele* est primitivement une chanson chantée par une *pastorele*, et signifie, non pas « pastorale », comme on l'a cru au XVIe siècle, mais « jeune bergère »; c'est de même qu'on a plus tard appelé *bergerettes*, ou en italien *villanelle*, des chansons censées composées ou chantées par des bergères, des vilaines.

---

[1] C'est la pièce II, 2, dont il a déjà été parlé (voir ci-dessus, p. 14, n. 2) et à laquelle est empruntée la citation qui suit.

[2] Bartsch imprime (p. 104) *chanson pastorelle; pastorelle* serait alors un adjectif, épithète de chanson, et signifiant « de berger, pastoral »; mais on ne trouve jamais ce mot ainsi employé, et *pastoralem* aurait donné *pastorél* avec un *e* fermé.

[3] Cité dans Bartsch, p. XIV.

[4] Montaiglon et Raynaud, *Rec. gén. des fabliaux*, I, 288.

[5] Bartsch, III, 11 (p. 243).

[6] *Trobet vers e pastorelas a la usanza antiga* (Biographie de Cercamon).

[7] Par exemple Peire de Corbiac se vante de savoir faire *Pastorelas ab precs amoros e plazens* (Bartsch, *Chrest. prov.*, col. 217).

[8] Bartsch, *Chrest. prov.*, col. 377.

Il suit de là : 1° que nous avons affaire ici originairement à une « chanson de femme[1] »; 2° que l'intervention du chevalier ou poète n'est nullement essentielle. Il est très possible que les *pastoretas a la usanza antiga* que, d'après son biographe, Cercamon composait au commencement du xiie siècle, fussent devenues hors de mode précisément parce qu'elles ne connaissaient pas cet élément.

On serait donc tenté de reconnaître la vraie *pastourelle* primitive dans quelques pièces où une bergère[2] est tout simplement censée chanter son amour[3]; toutefois par leur forme ces pièces rentrent dans les chansons à danser; dans la pastourelle définitivement constituée l'intervention du poète, comme dans la chanson à personnages, paraît indispensable. Mais on peut d'abord relever, dans le recueil de Bartsch, les pièces encore fort nombreuses (une quarantaine environ) qui montrent le poète simplement témoin des actes ou auditeur des chants ou des entretiens de bergers et de bergères, mais ne présentant pas, comme dans la pastourelle que nous appellerons classique, une requête d'amour à une bergère qu'il rencontre. Or l'étroite ressemblance de ces pièces avec les « chansons à personnages » est frappante. La seule différence est que la femme est ici toujours une bergère et qu'elle n'a pas de mari[4]. D'abord, comme le montrent le début et la mise en scène, ce sont également des *reverdies*[5], des chansons de printemps[6]; il y a

---

[1] J'aurai l'occasion, dans la suite de cette étude, de revenir sur l'importance fondamentale, très bien mise en lumière par M. Jeanroy, de la « chanson de femme » dans la plus ancienne poésie lyrique.

[2] Par une variation naturelle, c'est quelquefois un berger.

[3] Citons encore (II, 47) un véritable *contrasto* entre berger et bergère, sans aucune intervention ou mention du poète.

[4] Encore cette dernière condition n'est-elle pas sans exception. La pièce II, 27, nous présente une querelle de mari et de femme toute pareille à celles que retracent les chansons à personnages, si ce n'est que le mari, la femme et l'amant sont des bergers.

[5] Le verbe *renverdir* se trouve également : *Compaigne, en la brueille Renverdist la fueille* (II, 26). Je dois noter à ce propos que ci-dessus (p. 14), en parlant de la *renverdie*, j'ai oublié de mentionner un article de M. O. Schultz sur ce mot (*Zeitschr. f. rom. Philol.*, IX, 150), dans lequel il a rassemblé à peu près les mêmes exemples et est arrivé aux mêmes conclusions que moi.

[6] Il est inutile de reprendre ici tous les traits qui le prouvent comme pour les chansons à personnages : ce sont les mêmes. Je noterai seulement quelques formules : *La douçor del tens novel* (II, 22), *Quant voi la prime florete Blanchoier aval ces prés Et j'oi chanter l'aluete Au commancement d'esté* (II, 24), *A l'entree dou tens novel* (II, 41), *El mois jolif d'avril* (II, 112), *Par lo comancement bel Dou douz mai* (II, 22), *En mai quant rose est florie* (II, 114), *Au tens pascor* (III, 21, 22, 36), *El mois de mai* (III, 24), *Au novel tens que naist la violete* (III, 45). Le genre était usé, et l'origine de ces

même des allusions tout à fait directes aux fêtes de mai [1]. De même que, dans les chansons à personnages, le poète se représente comme assistant à un monologue ou à un dialogue. C'est ainsi qu'il entend la plainte d'une bergère (III, 38) ou d'un berger (II, 54; III, 2; III, 34), qu'il oppose son amour idéal à l'amour matériel que chante crûment un berger (II, 115), ou qu'au contraire il reçoit des leçons de « Robin » (III, 33), qu'il surprend l'aveu d'amour d'une bergère (II, 37, 45), qu'il est témoin du bonheur d'un couple pastoral (II, 63, 112 [2]) ou de la brouille momentanée de deux amants (II, 114; III, 16), qu'il entend les propos et voit les jeux du berger et de la bergère (III, 37, 45), auxquels se mêle parfois un tiers qui est évincé (III, 24 [3]). D'autres fois, comme dans tant de chansons à personnages, il écoute l'entretien de deux bergères, qui se donnent avant le mariage des conseils aussi peu honnêtes que ceux des femmes mariées de celles-ci (II, 24, 26 [4], 74 [5]), ou, variation évidemment plus récente, il entend la causerie de deux jeunes bergers amoureux (II, 73), ou il est initié à leurs rivalités (III, 36), ou il cause de théories d'amour avec deux bergères (II, 66), ou il voit deux bergères se disputer un amoureux (II, 53).

Un motif extrêmement fréquent dans cette catégorie de pastourelles qu'on peut appeler désintéressées est celui qui consiste à dépeindre les

formules était oubliée quand des poètes s'avisaient pour varier de mettre la scène à une autre saison, en été. (*Au tens d'aoust*, II, 73), en automne (*Quant ces moissons sont faillies*, III, 30), ou même en hiver (III, 1).

[1] Les pièces II, 22, II, 26, III, 29, et III, 41 sont surtout intéressantes à ce point de vue. Dans la première le poète chevauche *lés un boschel Par lo comancement bel Dou douz mai*, et il trouve des *pastores* et des *pastoreaus*, couronnés de feuillage, qui *espringoient sor l'erboie*. Dans la seconde, une bergère dit à l'autre : *Compaigne, en la brueille Renverdist la fueille Et ivers s'an va; Cele sera forsenee Ki bien n'amera. Mabeline s'est vantee K'ele a la seve trovee, S'an flajolera*. Il s'agit évidemment d'un usage de printemps : on luttait à qui trouverait le premier la sève dans le bois. Dans la troisième, nous avons tout un charmant tableau des fêtes où on allait cueillir le mai : *Le premier jor de mai... Dous touses encontrai; Flors et glai Et mai portent a foison, Et chantent un novel son D'un douz lai*. Dans la quatrième nous voyons des *pastoureaus devisant... une feste... K'il feront le jour de may*. Dans les pièces II, 36, 41 (v. aussi III, 15) les bergers font de l'un d'entre eux « un roi, un roi nouveau »; ce sont des rois de mai.

[2] Dans la pièce II, 70, nous avons le même tableau, mais le poète est absent.

[3] Dans III, 46, on voit une demoiselle qui veut séduire un berger, lequel reste fidèle à son amie; le poète s'est amusé à retourner le motif des pastourelles ordinaires.

[4] Notons que dans cette pièce le poète ne figure pas.

[5] On n'a que le début de cette pièce, mais elle devait être de ce genre.

danses et les jeux des bergers, dont le poète se donne pour témoin : ce sont de petits tableaux idylliques parfois pleins de fraîcheur et de grâce (II, 30, 36, 41; III, 15, 27); mais trop souvent ces jeux dégénèrent en querelles, en rixes qui amusent le noble spectateur (II, 58, 77; III, 21, 22, 30[1]). M. Jeanroy pense[2] que toutes ces pièces « objectives », qui ne se proposent que la peinture de la vie rustique, sont peu anciennes. Il a probablement raison pour la plupart de celles qui nous sont parvenues, mais elles se rattachent si étroitement aux précédentes, et celles-ci aux chansons à personnages, qu'elles doivent remonter également aux anciennes fêtes et danses du printemps, et que je ne puis les regarder, avec le savant auteur, comme des altérations récentes du type ordinaire de la pastourelle[3].

Venons à ce type, qu'on peut appeler classique, tel que nous l'avons défini, et, avant d'en rechercher les origines et le rapport avec les genres voisins, étudions-en les différentes formes. La pastourelle, même ainsi restreinte, n'est pas en effet aussi stéréotypée qu'on le répète souvent depuis Roquefort[4]. Elle consiste, il est vrai, essentiellement en une proposition d'amour faite par le poète à une bergère qu'il rencontre dans la campagne, et ce poète est généralement un chevalier; mais les circonstances sont variées, et le succès surtout est différent. Il n'est pas exact de dire que le galant est presque toujours heureux dans son aventure. Sur 93 pièces qui nous sont parvenues (sans parler de celles qui sont

---

[1] Dans II, 22, le poète-chevalier veut s'y mêler, mais il est rudement repoussé; c'est une fusion de la pastourelle objective avec la pastourelle subjective.

[2] P. 41-44. « Cette variété du genre, dit M. Jeanroy, est née dans la région picarde. » Cela n'est pas suffisamment prouvé par le fait que presque tous les poètes nommés dans des pièces de ce genre sont picards ou plutôt artésiens; on sait que l'école d'Arras est très largement représentée dans nos manuscrits, et on voit seulement que cette variété a été volontiers cultivée dans le pays qui devait produire Adam de la Halle. Mais les pièces les plus nombreuses de ce genre sont anonymes, et on n'a pas de raison pour les regarder comme picardes (si ce n'est que toute la poésie lyrique courtoise a surtout fleuri dans cette région).

[3] « A force de mettre en scène des bergers et des bergères qui n'étaient guère que des abstractions, on a eu l'idée qu'il pourrait y avoir quelque intérêt dans la peinture plus exacte des paysans tels qu'on en rencontre tous les jours » (p. 41). Mais ces bergers et ces bergères sont toujours représentés se livrant à des jeux ou à des danses, ce qui n'était assurément pas l'occupation habituelle des paysans qu'on rencontrait tous les jours.

[4] « Qui en lit une en connoît mille », dit-il (*De l'état de la poésie françoise dans les XIIe et XIIIe siècles*, p. 224). Mais nous n'en avons guère qu'une centaine, et sur ce nombre la moitié échappe à l'accusation d'uniformité.

trop incomplètes), c'est le cas pour 54 seulement, tandis que dans 30 le poète est éconduit, que dans 7 il est empêché de mettre à fin son dessein (dans la dernière, III, 17, il n'y a qu'une conversation). Il est même fort possible que la forme primitive soit celle où le chevalier est éconduit. Dans les chansons modernes (semi-populaires) qui traitent ce thème, c'est toujours le cas pour le gentilhomme ou le « monsieur » qui courtise une villageoise; la *vilana* de Marcabrun renvoie le chevalier aux femmes de son rang [1]; autant en fait l'héroïne d'une pièce française qui est peut-être la plus ancienne qui nous soit parvenue [2]; dans une autre, qui est au moins la plus ancienne datée que nous ayons [3], la bergère refuse également le chevalier et préfère son fiancé; c'est ce que fait aussi celle que chante Jean de Brienne dans sa jolie pastourelle (III, 1), qui est sans doute encore du XIIe siècle. Cette circonstance doit être prise en sérieuse considération pour apprécier le caractère et l'origine du genre. Au reste, ces pièces elles-mêmes se divisent en quelques sous-genres. La bergère repousse le chevalier uniquement parce qu'elle est sage ou pieuse [4], ou parce qu'elle reste fidèle à son ami ou fiancé, berger comme elle [5], appelé Robin [6], Guiot [7], Perrin [8], ou Simon [9]. Il est notable que dans plusieurs d'entre elles le poète l'approuve, lui sait « bon gré » de sa sagesse ou de sa fidélité [10], que dans plusieurs autres il se représente comme finement dupé [11] ou raillé [12] par elle, ou comme ayant grand'-peur devant son ami qui la protège [13]. Ce dernier trait nous amène au

---

[1] M. Jeanroy (p. 31) a donné une charmante traduction française de la jolie pièce de Marcabrun.

[2] C'est la pièce II, 4, qui a été connue et copiée dans le Midi (voir ci-dessous, p. 739, n. 3).

[3] Il n'est pas du tout sûr que cette pièce (III, 40) soit de Jean Bodel, mais elle est certainement de 1187 (voir *Hist. litt. de la France*, t. XX, p. 616).

[4] Voir les pièces II, 25 (elle se moque du chevalier), 52, 61, 68 (elle emploie la ruse et va se mettre sous la protection de son père); III, 21 (elle invoque la sainte Vierge). M. Jeanroy (p. 21) restreint beaucoup trop le nombre des pièces de ce genre.

[5] Voir les pièces II, 10 (son ami intervient), 37 (on n'a que le commencement), 48, 49 (elle fait *paier la muse* au poète), 65 (elle est fiancée; la pièce est un pot-pourri), 78 (le commencement seulement); III, 1, 8, 9 (le commencement seulement), 59 (langage courtois).

[6] II, 4, 5, 33, 50, 56, 57 (ruse et menaces), 60 (le commencement seulement), 71; III, 7 (elle se sauve dans le bois), 43.

[7] II, 23, 43, 64.

[8] Perrin : III, 20, 40; Perrot : II, 15 (elle se dérobe par ruse).

[9] III, 52.

[10] II, 33, 50, 61; III, 7.

[11] II, 15, 49, 68; III, 7.

[12] II, 25; III, 40.

[13] III, 52. On voit combien il est exagéré de dire (Jeanroy, p. 19) que toute cette poésie « respire la haine et le mépris du vilain ». Pour le prouver, M. Jeanroy cite des refrains insérés dans des pastourelles, mais qui leur sont étrangers. L'auteur, qui avait si justement

second groupe de la classe de pastourelles que nous étudions : le poète, voulant emmener la bergère ou lui faire violence, en est empêché par les pasteurs qui viennent au secours de leur compagne [1].

La classe la plus nombreuse des pastourelles, nous l'avons vu, est celle où le poète réussit dans son entreprise. Soit par de belles paroles et des caresses, soit par la promesse ou le don de *joaus*, soit même par la force, il obtient ce qu'il demande. Mais là encore, malgré l'incontestable monotonie, il y a une certaine variété. Ainsi dans un premier groupe, qui est le plus agréable, tout se passe en discours : la bergère promet simplement son amour au chevalier [2]. Dans un autre, qui est de beaucoup le plus considérable, et celui qui a valu aux pastourelles une mauvaise réputation que certaines d'entre elles méritent assurément [3], le succès du poète est immédiat et il le relate avec une grossière complaisance. Là encore toutefois on peut distinguer certaines variantes, bien que le caractère général soit le même. Ainsi dans plusieurs pièces le poète nous avertit qu'il ne prend pas au sérieux son aventure : après qu'il a prodigué à la *pastoure* les formules de l'amour courtois, il remarque lui-même qu'il se moque d'elle [4]; c'est encore pis quand pour l'abuser il va jusqu'à lui parler de mariage [5]. Ce qu'il n'obtient pas par persuasion, il le prend par force, mais il a soin de nous dire qu'elle le remercie

---

combattu les théories réalistes de M. Gröber, me paraît faire parfois encore trop de place à l'idée qu'il y aurait dans ces pièces toutes de convention un fonds de réalité. C'est ainsi qu'il pense (p. 22) que, si on a choisi des bergères pour héroïnes de ces petites aventures galantes relatées dans la plupart des pastourelles, c'est qu'on n'osait les attribuer à de nobles dames, ou qu'il voit (p. 99) dans le langage cynique prêté souvent aux femmes dans les chansons à personnages une leçon indirecte donnée par les poètes aux belles dames trop sévères.

[1] Voir les pièces II, 4; III, 5, 13, 39. Dans la pièce III, 4 (de Tibaud de Champagne), la bergère est consentante, et même (voir le v. 58) l'intervention des pasteurs qui font fuir le poète se produit trop tard. — Ici on peut trouver l'empreinte d'un certain antagonisme de classes, mais on ne peut dire que le chevalier ait le beau rôle. Il avoue qu'il a eu grand'peur (II, 22 ; III, 4, 5, 13, 39, 52) ou qu'il a été battu (II, 4).

[2] Ainsi II, 3, 38, 40 (contre-partie des pièces où le poète a peur des bergers; ici c'est lui qui dédaigne Robin, Guiot et Perrin, cette *vilonaille*), 42 (le commencement seulement), 46; III, 28, 29, 45, 47.

[3] Il faut cependant citer les remarques fort justes de Bartsch (p. XVI), qui oppose leur «sensualité grossière, mais naïve» aux ordures des imitations allemandes.

[4] Voir par exemple II, 18 (le commencement seulement), 28; III, 10. Noter l'étrange pièce II, 75, où c'est la bergère qui fait véritablement violence au poète.

[5] Voir II, 6, 19, 69 (ici elle renonce d'elle-même à être épousée).

ensuite[1]. Le plus souvent il la rend infidèle[2] à son ami[3], à Robin[4], à Perrin[5], à Gautier[6], à Roignet[7], à Guiot et Foucon ensemble[8]; d'autres fois il la console de l'abandon ou de l'infidélité de Robin[9] ou de Guiot[10]. C'est en somme le récit d'une bonne fortune sans conséquence et qui ne laisse pas de souvenir.

Sous cette dernière forme, qui est la plus répandue sinon la plus ancienne, et sous la forme d'un simple entretien entre le poète et une bergère ou un berger, la pastourelle n'existe pas seulement en français. Elle se trouve aussi en provençal, et on a depuis longtemps agité la question de savoir si elle avait passé d'une des littératures à l'autre et dans laquelle elle était originale. Raynouard, naturellement, n'avait pas hésité à regarder la pastourelle comme venue de Provence. Diez, qui, sans y insister, avait émis la même opinion dans son livre sur la *Poésie des troubadours* (1826), la modifia dans les additions qu'il donna à la traduction française de ce livre publiée en 1845[11], évidemment sous l'influence du passage bien souvent cité de Raimon Vidal : *La parladura francesca val mais et es plus avinens a far romanz e pasturelas, mas cella de Lemosin val mais per far vers e cansos e sirventes*[12]. L'année suivante, Wackernagel, mais pour d'autres raisons, revendiquait pour les pastourelles une origine septentrionale. Cependant il restait toujours une objection grave dans le passage, cité plus haut, de la vie de Cercamon, car Cercamon est après Guilhem IX le plus ancien troubadour connu, ayant été le maître de Marcabrun[13]. Brakelmann s'efforça de détruire l'autorité de ce passage en contestant en général la valeur historique des bio-

---

[1] II, 13, 17, 20, 62, 67, 67, 76; III, 6, 9 (la fin manque); III, 42, 48.

[2] M. Jeanroy (p. 20) dit que c'est le fait de tromper un vilain qui « semble charmer le plus le poète dans son aventure »; cette circonstance ne me paraît être qu'accessoire.

[3] II, 31, 34; III, 14.

[4] II, 8, 9, 11, 12, 16, 20, 29 (le commencement seulement), 35, 59, 62, 79; III, 12, 23, 26, 28, 35, 38, 47, 49, 51 (pièce ancienne et curieuse, la plus licencieuse de toutes; l'apparition de la mère la rapproche des chansons à personnages; l'attribution à Jocelin de Bruges est très douteuse).

[5] II, 13.

[6] II, 21.

[7] III, 32.

[8] III, 31.

[9] II, 7; III, 19, 49.

[10] II, 51.

[11] Voir *Jahrbuch für rom. Literatur*, IX, 163.

[12] Comme le remarque fort bien M. Jeanroy (p. 24), ce passage prouve seulement qu'à l'époque où Raimon Vidal l'écrivait, c'est à dire au commencement du XIIIᵉ siècle, la pastourelle courtoise était plus cultivée au nord qu'au midi.

[13] On a d'ailleurs une pièce de lui que M. Rajna a datée avec toute vraisemblance de 1137; voir un article de M. Jeanroy dans la *Romania*, t. XIX, p. 394.

graphies des troubadours, mais le reproche tombe ici à faux[1]; les arguments de Brakelmann en faveur de l'origine française de la pastourelle ont d'ailleurs peu de poids. M. Gröber, sans traiter la question de nationalité, a vu dans la pastourelle une simple variante de ce qu'il appelle le « son d'amours »[2], et il a insisté sur le caractère aristocratique du genre; il ne veut même pas, comme Wackernagel, que les refrains qui y sont si souvent mêlés (uniquement dans les pièces françaises) proviennent de vraies chansons de bergers, « car, dit-il, dans ce cas ils exprimeraient mieux qu'ils ne le font le contentement que les bergers trouvent dans leur vie heureuse et bornée[3]; » il fait cependant exception pour des refrains comme *do, dorenlot*, qui imitent visiblement le son des instruments rustiques[4].

En somme, on se trouve en présence de deux séries de faits. Dès le commencement du xiie siècle, Cercamon fait des *pastoretas a la usanza antiga*, que nous n'avons pas. Son disciple Marcabrun, qui mourut sans doute vers 1150, nous a laissé deux pastourelles, qui n'ont pas, il est vrai, la forme classique, et dont l'une n'a presque du genre que le début, mais dont l'autre[5] est au contraire, malgré son caractère déjà tout aristocratique, la plus populaire de ton de toutes celles dont nous connaissons les auteurs. D'autre part, le genre des pastourelles, après Marcabrun, subit en Provence une longue interruption : les grands troubadours du xiie siècle ne le connaissent pas, tandis que dès la seconde moitié de ce siècle[6] nous le trouvons florissant au Nord; au Midi il ne reparaît qu'à la fin du xiie siècle avec Cadenet et Gavaudan, au xiiie avec Gui d'Uisel

---

[1] Voir Jeanroy, p. 26.

[2] Voir ci-dessus, p. 12.

[3] Nous reviendrons plus tard sur les refrains, et nous verrons qu'en effet ils ne proviennent pas de chansons de bergers; mais la raison qu'en donne M. Gröber n'est peut-être pas suffisante.

[4] Il ne cite que *do, dorenlot*, mais on peut en dire autant de bien d'autres, comme *aé* (III, 1, 13), *eo eo aé aé oo* (III, 20), *bon bon bon bon sadelarire dural dure lire dure* (II, 41), *travadelaritondenne travadelaritondon* (II, 44), *tirelire don tirelire don tridon* (II, 46), *chiberala chibele* (II, 63), *civalala duri duriaus civalala durete* (II, 58, et variante III, 21), *turelure* (II, 56), *triquedondele* (II, 95), *valura valura valuraine valura va* (III, 30). Il est même probable que le mot *vireli* ou *virenli*, changé plus tard en *virelai* par une association d'idées avec *lai* et devenu le nom d'une forme poétique spéciale (voy. ci-dessous, p. 53), n'est originairement qu'une onomatopée du même genre. Ces assemblages de syllabes sont d'ailleurs souvent donnés expressément dans nos chansons comme reproduisant le son des instruments pastoraux. J'ai dit plus haut (p. 731) qu'on semble même les avoir proprement désignés par le nom de *pastoreles*.

[5] Voir ci-dessus, p. 21, n. 1.

[6] C'est le cas pour une pastourelle, en forme, il est vrai, de *balada*, et d'ailleurs fort jolie, imprimée par Diez (*Altrom. Sprachdenkmale*, p. 119).

et Guiraut de Borneil, et alors il présente, soit un caractère absolument différent de l'ancien genre, caractère tout courtois que M. Jeanroy a parfaitement étudié, soit au contraire des ressemblances avec la pastourelle française si étroites qu'elles font soupçonner une imitation[1], et à cette même époque Raimon Vidal reconnaît que dans la pastourelle les Français sont supérieurs aux Provençaux. C'est ce qui a porté M. O. Schultz à admettre que le genre était né fort anciennement, indépendamment, au Midi et au Nord; perdu au Midi, il y aurait été plus tard repris par imitation du français. Ce système, combattu par M. Jeanroy, me paraît avoir dans sa seconde partie une réelle vraisemblance : sans entrer dans la discussion (et sans contester que certains poètes français, comme Tibaud de Blaison, aient pu au contraire imiter des pastourelles provençales), il me semble impossible de ne pas voir une importation française dans le nom typique de Robin, qui est le héros d'une pastourelle de Gui d'Uisel comme il l'est de tant de pastourelles françaises. Il est clair que ce nom n'a pu être attribué à l'amoureux, tantôt heureux, tantôt trompé, de la bergère[2] indépendamment dans deux pays différents ; or la forme en est toute française, et du moment que nous le retrouvons dans les pastourelles méridionales, il faut que celles-ci l'aient pris aux pastourelles du Nord[3]. J'ajoute que le passage cité de la biographie de Cercamon semble prouver que le biographe trouvait démodées des pièces qui ne ressemblaient pas à celles qu'on goûtait de son temps : le nom même de *pastoreta*, qui n'est que là, peut être regardé comme le nom originairement provençal et tombé alors en désuétude, par opposition à celui de *pastorela*, pris du français[4].

[1] Jeanroy, p. 24.

[2] Robin, comme on l'a vu plus haut, n'est pas le seul nom donné dans nos pastourelles à l'ami de la bergère; mais de bonne heure il prévalut et devint typique, comme celui de Marion pour la bergère.

[3] Dans cette pastourelle de Gui d'Uisel, la bergère menace Robin de lui préférer Duran : on a ici au contraire un nom méridional, introduit par l'imitateur. Mais tout le petit discours de cette bergère (Jeanroy, p. 35) rappelle de si près les pastourelles françaises (voir notamment II, 10) que j'ai peine à comprendre que l'imitation n'ait pas frappé M. Jeanroy. Cela n'empêche pas que le caractère général des pastourelles provençales ne soit, comme il l'a excellemment montré, différent de celui des pastourelles françaises; mais c'est là un développement propre, qui ne prouve rien contre l'influence initiale.

[4] Notons encore qu'une pastourelle française (II, 4) a été copiée, avec de grandes altérations qui indiquent une transmission orale, dans un chansonnier provençal : cette pièce, assurément fort ancienne, connaît déjà le nom typique de Robin. Une autre, également des plus anciennes (II, 6), a été aussi transcrite, au moins en partie, à la fin d'un chansonnier provençal. Voyez encore ci-dessous, p. 27, n. 5.

Mais ce qui est peu clair dans l'article de M. Schultz, c'est la façon dont il se représente l'origine même du genre. Il soutient que l'ancienne pastourelle provençale ne vient pas de la française, et également que la française ne vient pas de la provençale. Elles seraient donc nées spontanément dans les deux pays, sans lien entre elles, et avec le même nom, le même cadre, les mêmes données essentielles? Assurément rien n'est moins probable. M. Jeanroy l'a très bien compris. Il fait ressortir les différences que présente au Midi et au Nord le développement du genre, mais il n'en attribue pas moins aux deux rameaux une tige commune, qui serait de toute nécessité méridionale, la pastourelle étant une conception aristocratique, et la poésie aristocratique étant née dans le Midi. J'ai dit plus haut comment il explique la naissance de la pastourelle, par le mélange d'un débat amoureux, d'une *oaristys* et d'un *gab*, et j'ai fait remarquer qu'il laisse de côté un des éléments essentiels du genre, la qualité de bergère invariablement donnée à la jeune fille. Il en néglige également un autre, que les pastourelles du type classique ne présentent pas avec moins de constance que celles des catégories étudiées plus haut : le cadre printanier dans lequel se meut l'action, et qui est presque toujours expressément indiqué au début.[1]

Si l'on considère ces deux traits caractéristiques de la pastourelle, on est amené à la regarder comme la transformation, d'abord « jougleresque », puis aristocratique, de chansons et de petites scènes appartenant aux fêtes de mai. Que dans ces fêtes les bergers et bergères aient tenu le rôle principal, c'est ce que l'on comprendra facilement si l'on se représente que jadis les gens de cette condition étaient beaucoup plus nombreux qu'aujourd'hui et que, comme dans l'antiquité, ils avaient l'habitude de jouer des instruments[2] et de chanter des chan-

---

[1] Il serait fastidieux de reprendre encore une fois tous les débuts de la cinquantaine de pastourelles du type ordinaire que nous avons pour y montrer les allusions au printemps, au mois de mai, à la verdure, à la cueillette des fleurs, etc. Je signalerai seulement les débuts où figure le verbe *reverdir*: *Quant pré reverdoient* (II, 76); *C'est en mai quant reverdie L'erbe* (II, 78); *Quant revient la sesons Que l'erbe reverdoie* (II, 121); *Quant la sesons renouvele... Que raverdissent praeles* (III, 75); *An mai au dous tens novel, Ke florissent arbrexel Et prés renverdie* (III, 47). Dans la pièce II, 61, le dialogue qui s'engage entre le poète et la *pastore* semble bien attester l'usage typique de ce mot : *Pastorele, pastorele, Vois le tens qui renovele, Que reverdissent vergier et toutes herbes; Biau deduit a en vallet et en pucele. — Chevalier, mout m'en est bel Que reverdissent prael: Si avront assez a paistre mi agnel, Je m'irai soef dormir soz l'arbroisel.*

[2] Voir par exemple le joli passage d'*Aucassin et Nicolete* sur les instruments favoris des bergers. Dans le *Dit du mercier* le colporteur qui énumère ses marchandises dit : *J'ai de bons flageus a pastor.* On a vu plus haut que beaucoup des re-

sons[1]. Il me paraît probable que l'origine spéciale des pastourelles du type classique est une espèce de jeu où un chevalier, une bergère et son amoureux, appelé le plus souvent Robin, étaient mis en scène. C'était peut-être souvent une simple pantomime[2], ou une danse accompagnée de chansons [3]. Nous n'avons aucune indication sur la façon dont étaient exécutées les pastourelles postérieures[4], mais on peut croire qu'elles ne sont, au moins originairement, que des reflets de véritables ballets, et que ceux-ci ont continué d'exister parallèlement, en sorte que le jeu de *Robin et Marion,* d'Adam de la Halle, n'est en réalité que l'agrandissement d'un de ces petits ballets pastoraux à l'aide des situations habituelles des pastourelles, d'un dialogue plus ample, des refrains, etc. C'est un point de vue qui, pour être exposé comme il faudrait, demanderait toute une étude que je ne puis donner ici.

Maintenant où se sont produits ces chansons, ces ballets et les dérivés auxquels ils ont donné lieu? Est-ce au Nord ou au Midi? Je suis bien d'avis, avec M. Jeanroy, qu'il faut leur chercher un point de départ unique, car on n'invente pas deux fois une forme aussi spéciale (qui, sauf quelques vagues imitations italiennes et les productions allemandes, postérieures et bien transformées, de l'école de Nithard, ne se retrouve pas à l'étranger). Mais je le chercherais dans une région intermédiaire, le Poitou, la Marche, le Limousin. Il y a des raisons sérieuses, dont je dirai un mot plus loin, pour croire que toute la poésie lyrique de l'ancienne France a son berceau dans cette région. Pour ne parler que des pastourelles, notons les faits suivants : d'une part, les auteurs un peu anciens de pastourelles provençales ont presque tous avec cette région des relations plus ou moins étroites : Cercamon et Marcabrun sont gascons, Gui d'Uisel et Cadenet furent en rapport avec des seigneurs du Poitou et du Limousin; d'autre part, Hugues X de Lusignan est l'auteur d'une pastourelle en français[5]; Tibaud de Blaison, auquel on en doit sans doute

frains des pastourelles ne sont que l'imitation des modulations des instruments rustiques.

[1] « Totas genz... meton totz jorns lor entendiment en trobar et en chantar, que neg li pastor de la montagna lo maior sollatz qe ill aian an de chantar » (R. Vidal). Dans un très grand nombre de pastourelles, la bergère est présentée comme chantant une chanson.

[2] Voir là-dessus le curieux passage des *Tournois de Chauvenci,* p. 106.

[3] Les refrains qui figurent dans tant de pastourelles, et auxquels j'aurai à revenir, paraissent conserver des traces de cet usage.

[4] Cependant un passage de la pièce II, 11 (*Chanteis et respondeis toz*) semble indiquer qu'on chantait le refrain en chœur, mais c'est bien isolé et précisément pour cette pièce assez peu probable, puisque le refrain change à chaque strophe. Voir encore Jubinal, *Nouv. Rec.*, I, 295.

[5] « Cela, dit M. Jeanroy (p. 48),

plus d'une[1], était un chevalier angevin qui possédait en Poitou le château de Mirabel, et qui vécut surtout en Poitou; une des plus anciennes pièces du recueil de Bartsch (II, 13) est, comme la chanson de mai citée plus haut (I, 28), écrite en une langue non pas mixte, mais, comme l'a fort bien remarqué M. Jeanroy[2], artificiellement mélangée, par le Français qui en est l'auteur, de formes méridionales[3]. Nous sommes donc amenés naturellement à chercher dans cette région intermédiaire l'origine du genre, qui, se propageant de là au Sud et au Nord, a été plus cultivé au Nord et a fini par en revenir pour renouveler au Midi la forme ancienne tombée en désuétude. Ce genre n'est d'ailleurs qu'une variété d'un genre plus large, comprenant les chansons de bergers en général, et qui lui-même, ainsi que les « chansons à personnages », se rattache aux danses et aux réunions de fêtes, particulièrement aux fêtes de mai.

IV

Si M. Jeanroy, en regardant la pastourelle comme la combinaison d'un *contrasto*, d'une *oaristys* et d'un *vanto* ou *gab*, a tenu trop peu de compte de l'élément pastoral et de l'élément printanier du genre, il n'en est pas moins vrai que les éléments indiqués par lui ont pu contribuer

---

importe peu... La littérature française n'était nullement sur son terrain dans ces régions, et ce n'est pas du nord que leur venait la lumière poétique au commencement du XIIIᵉ siècle. » Mais c'est précisément pour cela qu'il est curieux de voir un grand seigneur poitevin composer une pastourelle en français; cela prouve que, comme le dit Raimon Vidal, on considérait que la langue du nord se prêtait mieux à ce genre que celle du midi. Voulant faire une chanson courtoise, Hugues de Lusignan aurait sans doute employé le provençal.

[1] Bartsch ne donne à Tibaud de Blaison qu'une pastourelle (III, 2), mais il est bien probablement aussi l'auteur de II, 21, où est mentionné Mirabel (cf. Jeanroy, p. 29); on peut avec plus de sûreté encore lui attribuer la chanson à personnages I, 40, où le poète se représente chevauchant *De Blazon a Mi-* *rabel;* ces mêmes mots se retrouvent dans le morceau III, 107, mais ils y sont sans doute simplement empruntés à I, 40, par le « parolier » du motet dont le morceau est une « partie » (ce morceau, sauf le début, n'a d'ailleurs rien ni d'une pastourelle ni d'une chanson à personnages).

[2] P. 19.

[3] Le mot *enamoras* se trouve encore, en rime avec *bras, pas*, etc., dans une pastourelle d'ailleurs toute française, qui n'est probablement pas de Moniot de Paris (III, 44). La pièce III, 10, assez originale de ton, et qui, si on suivait les règles des *Leis d'Amors*, devrait s'appeler une « chevrière », met en scène une fille qui s'appelle *Cabrote* parce qu'elle garde des *cabreaus* : ce ne sont pas là des formes françaises, et la pièce doit être imitée d'une chanson en dialecte méridional.

à la formation de la pastourelle. Le *vanto*, ou, pour mieux dire, le récit plus ou moins fantaisiste et burlesque d'une bonne fortune que le poète s'attribue, se trouve effectivement dans la fameuse chanson de Guillaume IX, *En Alvernha part Lemozi*, et, à en juger par certains passages de sa biographie, se trouvait dans d'autres œuvres du même poète qui ne nous sont pas parvenues. Nous avons admis, quoique sous une autre forme que M. Jeanroy, que le débat amoureux formait bien le noyau tout au moins d'une importante catégorie de pastourelles : on y reconnaît un débat amoureux enfermé dans un cadre narratif, pastoral et printanier, et rattaché à la personne même du poète. Peut-on retrouver le débat amoureux à l'état simple, dégagé de ce cadre et de cette attribution ? Peut-on lui découvrir un rapport avec ces fêtes de mai où nous avons cherché l'origine de la pastourelle ? Telles sont les questions que nous devons maintenant examiner et qui nous amènent à dire un mot, en dehors du débat amoureux ou printanier, du débat en général.

L'altercation poétique est certainement un des genres les plus répandus de la poésie française (et latine) du moyen âge. Mais, d'ordinaire, elle n'a aucunement un caractère lyrique; elle s'exprime dans la forme de vers destinés à la récitation dialoguée. Elle appartient certainement aux traditions des *joculatores* des bas siècles romains. Nous avons ainsi conservé un curieux échange d'injures entre Térence (*vetus poeta*) et un *derisor*, qui remonte au moins au VIIe siècle, et qui a dû servir de prologue à la reprise d'une pièce de Térence. La persistance de cet usage de faire précéder une représentation par une sorte de parade liminaire où l'auteur qu'on allait jouer était attaqué et défendu nous est attestée jusqu'au XIIIe siècle par le *Jeu du Pèlerin*, prologue dans le même goût d'une représentation de *Robin et Marion*, dans la patrie d'Adam de la Halle, après sa mort. Le débat des *Deus Bordeors* nous montre encore une forme de divertissement très analogue. D'autres pièces, moins évidemment destinées à l'exécution, font précéder ou suivre l'altercation d'un court récit et d'un épilogue: telles sont les disputes de *Charlot* et du *Barbier*, de *Marquet* et de son contradicteur (qui est ici le poète lui-même), du *Croisé* et du *Descroisé*, etc.

Toutefois plusieurs de ces pièces ne sont pas sans rapport avec ce qui nous semble être en grande partie le point de départ de notre poésie lyrique, à savoir les fêtes de mai. Tel est, avant tout, le *Débat de l'Hiver et de l'Été* (c'est-à-dire du printemps), qui, représentés par des champions symboliquement vêtus, se livraient, dans ces fêtes, un combat où le premier était toujours vaincu. Il était naturel que ce combat fût parfois précédé, accompagné ou remplacé par des chants, par une lutte de paroles. Cet usage remonte très haut, et nous avons conservé des traces de l'existence, même dans l'antiquité, du débat de la saison de mort et de la saison de vie. Une petite pièce égarée dans le recueil des fables ésopiques nous présente une dispute entre Χειμών et Ἔαρ, où chacun d'eux vante ses avantages et où il est fait clairement allusion aux fêtes de mai [1]. Une poésie d'Alcuin porte le titre de *Conflictus Veris et Hiemis* : *Hiems* veut retarder le chant du coucou, tandis que *Ver* veut le hâter ; Palémon conclut en faveur de *Ver* et appelle le coucou en l'invitant à chanter sans délai [2]. Dans un *spel* néerlandais, qui nous présente une forme amplifiée du débat, les deux adversaires se défient, et chacun d'eux a ses partisans prêts à combattre pour lui ; enfin « dame Vénus » s'entremet et prononce l'arrêt de conciliation [3]. Cette intervention de Vénus paraît conserver le souvenir des fêtes païennes qui célébraient, avec le renouveau de la nature, le moment où la déesse de l'amour exerce le plus universellement son empire [4].

Les *Débats de l'Hiver et de l'Été* que nous avons conservés en français n'ont pas, à dire vrai, un caractère lyrique. Dans une pièce anglo-normande [5], il y a une courte introduction narrative ; chacun des adversaires plaide sa cause en un rythme différent, mais non lyrique. Un poème génois du xiv° siècle est visiblement imité d'un original français à peu près semblable [6]. Il en est de même dans le poème en quatrains du xiv° siècle qui, malgré son peu de valeur poétique, a eu longtemps un grand succès en France et a été traduit en anglais [7]. Mais des formes lyriques se retrouvent encore aujourd'hui vivantes dans le sud de l'Allemagne, en Franconie, en Bavière, en Suisse et en Styrie [8]. Donnons un échantillon du débat styrien, qui montrera le caractère de toutes ces compositions : « L'Été. Aujourd'hui pour vous est un jour cher, un jour joyeux, parce que la campagne va me retrouver. *L'Hiver est dur, le Prin-*

---

[1] Halm 414. L'hiver reproche au printemps de troubler le repos des hommes : dès qu'il paraît, on se répand dans les prés et les bois pour y cueillir des fleurs et en orner ses cheveux. C'est ce qu'on appelait au moyen âge : *quérir le mai*.

[2] Dümmler, *Poet. Carol.*, I, 270.

[3] Voir Jan te Winkel, *Geschiedenis der meddennederlandsche Letterkunde*, p. 522.

[4] Voir notamment le *Pervigilium Veneris* et ce que les commentateurs de ce poème ont réuni à ce sujet.

[5] Jubinal, *Nouveau recueil de contes*, II, 40.

[6] *Archivio glottologico italiano*, II, 206.

[7] Voir A. de Montaiglon et J. de Rothschild, *Recueil de poésies françaises des xv° et xvi° siècles*, t. X, p. 41-53. La savante note que M. Ém. Picot a jointe à cette édition nous a fourni plusieurs des indications données ci-dessus.

[8] Voir Böhme, *Altdeutsche Lieder* n° 272.

temps est doux. — L'Hiver. Je suis l'Hiver, et je ne te donne pas raison. Chétif Été, tu n'es que mon serviteur. *L'Été est sans vigueur et n'approche pas de moi.* » Le dernier vers de chacune de ces répliques reparaît à la fin de toutes les autres ; c'est le refrain que chantent les deux chœurs opposés qui entourent, l'un l'Hiver, l'autre l'Été. Des usages et des chants fort semblables ont dû exister chez nous dans les fêtes du printemps.

D'autres débats, sans porter aussi directement sur le sujet même de ces fêtes, y sont cependant clairement rattachés. Ainsi le fameux débat sur le mérite respectif en amour des clercs et des chevaliers [1] est toujours placé au printemps, déjà dans la plus ancienne forme qu'il ait revêtue, et qui remonte probablement au xie siècle, celle du concile de Remiremont :

> Veris in temporibus
> Sub aprilis idibus
> Habuit concilium
> Romaricimontium [2].

Les pièces latines et françaises qui, sous les noms de *Phyllis et Flora, Haeline et Aiglentine, Florence et Blancheflor* [3], *Melior et Idoine*, mettent en scène deux jeunes filles qui soutiennent la supériorité, l'une du chevalier, l'autre du clerc, commencent toutes par une description du printemps. Dans toutes les pièces françaises, les juges du différend sont des oiseaux, ce qui nous ramène originairement, comme on l'a vu, à une conception printanière [4]. Même des pièces d'un esprit tout opposé à celui des fêtes de mai, des débats à tendance morale, comme celui *de la Fole et de la Sage*, sont placés dans le cadre conventionnel qui semblait inséparable du genre :

> Iver le pereceus, qui toz jorz frit et tramble.....
> Cil cui tout le mont het avoit sa seson faite,
> Et ver estoit entré, qui toute chose enhaite,
> Aus bestes, aus oiseaus lor nature a ratraite,
> Dames et chevaliers duist d'amors et afaite [5].

On le comprend mieux pour une « bourde » aussi peu édifiante que l'est la *desputoison* anglo-normande de *Gilote et Johane* :

> En may par une matigné s'en ala juer
> En un vert bois ramé un jevene chivaler [6].

---

[1] Voir G. Paris, *La littérature française au moyen âge*, § 104.
[2] Voir Langlois, *Origines et sources du Roman de la Rose*, p. 7.
[3] Il y a deux poèmes différents où les deux rivales portent ces noms ; voir la note de M. Paul Meyer, *Romania*, XV, 332.
[4] Voir ci-dessus, p. 13.
[5] Jubinal, II, 73.
[6] Jubinal, II, 28.

Ce sont ces débats, bien qu'ils ne soient pas proprement lyriques, qui se rapprochent de nos chansons à personnages, bien plus que les débats qu'on trouve en si grand nombre dans la poésie lyrique du Midi (*tençons*), et qui ont un caractère tout personnel et purement littéraire. Les sept débats français que M. Jeanroy cite et qu'il a imprimés n'ont vraiment non plus rien à faire avec le sujet que nous étudions, sauf deux (III, IV), qui sont de véritables chansons à personnages et auraient dû être admis par Bartsch dans son recueil. Les curieuses pièces I et V sont toutes personnelles; le n° II est une singulière altercation évidemment fictive; le n° VII est à tort considéré par l'éditeur comme un dialogue [1]. Il n'y a guère que le n° VI qu'on puisse regarder comme étant vraiment un débat, mais il est tout à fait théorique et d'ailleurs peu ancien (de Richard de Fournival).

Mais il a réellement existé, nous l'avons vu, un type de débat amoureux, caractérisé, comme le dit M. Jeanroy, par un dialogue entre un garçon qui attaque et une fille qui se défend par toutes sortes de moyens et qui finit par céder. Ce type remonte sans doute à l'antiquité, et M. Jeanroy a raison d'en rapprocher la célèbre idylle de Théocrite. En France, il a généralement été supplanté, du moins dans nos recueils, par la chanson à personnages et la pastourelle, où le débat amoureux est encadré dans un récit; mais il reste des traces de la forme primitive. La pastourelle II, 47, du recueil de Bartsch, la pièce du ms. Douce publiée par M. P. Meyer sous le nom de « tenson »[2], et qui met en scène une béguine, en sont des spécimens peu anciens sans doute, mais qui attestent l'existence du genre. A ce genre appartient aussi, comme l'a excellemment démontré M. Jeanroy, le fameux *contrasto* de Cielo d'Alcamo, sur lequel on a fait tant de conjectures et de recherches. Ce n'est pas la continuation du chant « amébée » des pasteurs de Sicile, car le

---

[1] M. Jeanroy a bien eu l'idée (p. 52) que tous les couplets pourraient bien être prononcés par un seul personnage (non pas par Jean de la Tournelle, comme une distraction le lui fait dire : Jean, appelé une fois de la Tournele, est l'ami auquel s'adresse l'auteur de la pièce), mais il l'a rejetée : « Ce qui est certain, dit-il, c'est que la pièce est mutilée, et que, complète, elle était un dialogue (voir le 1ᵉʳ vers du 3ᵉ couplet). » Je ne vois pas que la pièce soit incomplète (sauf les deux vers qui manquent aux str. 1 et 2), et le vers 1 de la str. 3 ne me paraît nullement prouver que nous ayons là un dialogue. Le même personnage poursuit et développe absolument la même idée dans les cinq strophes, et la dernière (où je lirais *pourchace* au lieu de *pourchacent*) termine très bien ce curieux petit poème.

[2] *Recueil d'anciens textes bas-latins, français et provençaux*, 2ᵉ partie, n° 52, p. 379. Le titre de *tenson* n'est pas dans le manuscrit.

chant amébée, qui existe encore en France [1] et en Italie [2], consiste essentiellement dans le chant alterné de couplets qui ne se répondent que vaguement, même par paires, dont chaque paire n'a aucun rapport avec la paire précédente ou suivante, et qui ne forment pas un tout. Ce n'est pas non plus, comme le voulait Caix, une simple imitation des pastourelles françaises, car il y manque l'élément pastoral et printanier et la diversité de classe des interlocuteurs [3]. C'est la composition, volontairement triviale et populaire, d'un homme qui connaissait fort bien la poésie française, alors certainement très répandue en Italie méridionale et en Sicile [4], et qui a imité les débats amoureux, dont nous venons de constater l'existence, avec une fougue et un naturalisme qu'on ne trouve guère dans les pièces analogues qui se sont conservées chez nous. La ressemblance avec celles-ci n'en est pas moins frappante : comme dans la pièce II, 47, de Bartsch, l'amoureux connaît la belle depuis un certain temps ; comme dans cette même pièce et la « tenson » de la béguine, elle finit par céder, après avoir résisté plus ou moins sincèrement. Dans toutes ces pièces, le dénouement est indiqué avec la même franchise.

Ce genre de débats a d'ailleurs survécu dans la poésie populaire : il vit encore dans la célèbre chanson des *Transformations*, qui a dû de nos jours une vogue si étendue à sa mise en œuvre par Mistral et Gounod, et dont on a des variantes françaises, provençales, languedociennes, gasconnes, catalanes, italiennes (Toscane, Midi, Sicile), latines et roumaines [5]. Il est difficile de dire à quelle époque elle remonte et quel est son lieu d'origine [6] ; ce qui est sûr, c'est qu'elle a donné au thème du débat amoureux son expression la plus complète et la plus poétique. Or cette chanson appelle naturellement, par ses strophes alternées, une exécution qui en fait un petit drame, et il est probable qu'elle est souvent ainsi mise en scène, dans le Velay par exemple, où, d'après Victor Smith, elle charme habituellement les heures de repos des moissonneurs et des moissonneuses [7]. Il nous est facile de nous la représenter comme jouée ainsi aux anciennes fêtes du printemps.

[1] Voir Jeanroy, p. 262. Un usage poétique analogue a existé en Portugal (*ibid.*, p. 261).

[2] M. Jeanroy (p. 261) cite les *romanelle* qui s'échangent dans le Ferrarais ; l'usage d'improviser des strophes à l'envi, désigné sous le nom de *stornellare*, se retrouve en Toscane et ailleurs encore.

[3] Tout au moins cette diversité, si elle existe (Jeanroy, p. 269), y est à peine indiquée.

[4] Voir Jeanroy, p. 253, et l'article de M. d'Ovidio cité p. 270.

[5] Voir Jeanroy, p. 14, n. 2.

[6] On en retrouve aussi des vestiges dans la poésie grecque moderne.

[7] *Romania*, VII, 62.

Il en est de même d'une autre chanson d'un caractère différent et d'une inspiration fort voisine de celle de nos chansons à personnages, qui existe également dans toutes les provinces de France et qui a passé en Catalogne et dans le nord de l'Italie [1]. C'est la chanson de *Marion*, où une femme, surprise par son mari en compagnie illicite, trouve à toutes les accusations des réponses improvisées avec une assurance et une présence d'esprit qui confondent le jaloux : c'est un petit chef-d'œuvre de malice populaire. Or cette chanson s'exécute dramatiquement dans plusieurs de nos provinces, tantôt entre deux jeunes filles, dont l'une prend le rôle du mari [2], tantôt entre deux garçons, dont l'un s'habille en femme [3]; et sans doute aussi entre un garçon et une fille. L'origine française de ce « débat » est certaine; la date en est probablement peu reculée, mais l'exécution dramatique dont il est l'objet semble attester un ancien usage, et l'esprit qui l'anime est trop conforme à celui de nos vieilles danses printanières pour qu'il ne soit pas permis de croire qu'il s'y rattache.

Ainsi nous retrouvons bien, derrière les chansons à personnages et les pastourelles, un débat à côté d'un monologue; mais ce débat paraît remonter à une scène chantée et dansée dans des réunions joyeuses et notamment dans les fêtes du printemps.

V

Je passerai rapidement sur le genre auquel M. Jeanroy a consacré un chapitre (III), d'ailleurs fort intéressant, de sa première partie : il appartient à une classe tout à fait différente de celle à laquelle se rattachent les genres étudiés jusqu'ici, et il est d'ailleurs à peine représenté dans ce qui nous est parvenu de notre ancienne poésie lyrique. Il s'agit de la « chanson d'aube » ou, comme dit l'auteur, empruntant à la terminologie provençale un mot qui n'est pas employé dans ce sens en français, de l'« aube ». Ce n'est, à vrai dire, qu'une variante d'un genre plus étendu et plus largement représenté, qu'on peut appeler la « chanson de séparation », qui exprime la douleur de deux amants obligés de se quitter. On voit tout de suite que ces chansons, par leur caractère même,

---

[1] Voir Nigra, *Canti pop. del Piemonte*, n° 85.

[2] « En Velay... les dentelières... en font une sorte de comédie L'une d'elles joue la femme et l'autre le mari... En Lorraine, Marion... devient, le mardi-gras, une scène à deux personnages, jouée par des jeunes filles. » (V. Smith, *Romania*, IX, 568.)

[3] D'après D. Arbaud (*Chants pop. de la Provence*, II, 156), cette chanson s'exécute dramatiquement dans toute la Provence par deux garçons, dont l'un est habillé en femme.

ne peuvent guère avoir, comme les autres, leur origine dans des fêtes publiques et des réunions joyeuses. Elles sont, en outre, beaucoup plus personnelles : tandis que jamais les pièces appartenant aux genres précédents n'expriment ou ne racontent les sentiments réels des auteurs ou les événements de leur vie (le rôle du poète dans la pastourelle étant évidemment fictif), la chanson de séparation, tout en étant dans la plupart des cas une chanson à personnages, arrivée même, dans l'*alba* provençale, à un type très conventionnel, n'en semble pas moins ou n'en peut pas moins avoir son origine dans la réalité. C'est essentiellement, et surtout à l'origine, une chanson féminine : la femme exprime ses regrets d'être obligée de se séparer de son amant. Les motifs de la séparation peuvent être patents (voyage forcé, guerre, etc.) : dans ce cas, les chansons sont presque toujours profondément émues et insistent sur les tristesses de l'absence et les promesses de fidélité; les croisades, qui entraînaient tant de jeunes chevaliers loin de leur patrie, ont suscité toute une série de pièces de ce genre [1], dans lequel rentrent tout naturellement les chansons où c'est une femme abandonnée qui exprime sa douleur [2]. Les chansons de séparation proprement dites sont souvent, dans la poésie « courtoise » où elles ont pénétré, accompagnées de dialogue [3], et c'est là un thème qui appartient bien à la poésie ancienne et populaire, car nous le retrouvons dans des chansons du xv° siècle qui ne se rattachent pas à la poésie savante de l'âge chevaleresque, mais remontent directement à la source primitive [4].

Toutes ces chansons, que je ne fais qu'indiquer, pourraient être étudiées dans un autre contexte, à propos des chansons de femmes ou plus généralement des chansons d'amour. Si je les ai rappelées ici, c'est à cause de leur rapport avec la chanson d'aube : celle-ci n'est, en effet, qu'un chant de séparation entre deux amants au point du jour. La nuit a favorisé une furtive entrevue; arrive le jour, il faut se quitter. La chanson, évidemment, n'a pas été composée au moment même du fait qui en est le sujet; elle en conserve et en idéalise l'impression. La forme primitive est très probablement un simple monologue de femme : la femme

---

[1] M. Jeanroy pense que des chansons de femmes pleurant le départ de croisés sont nées les chansons où des croisés à leur tour font leurs adieux; mais le fait même de ce départ si périlleux et si émouvant devait assez naturellement inspirer un chevalier croisé et poète pour qu'il soit permis de croire que ces chansons sont nées spontanément.

[2] Je laisse de côté les nombreuses chansons sur l'absence, l'infidélité, le retour, etc., dont l'étude entrainerait trop loin.

[3] Voir par exemple la chanson de croisade (1659 Raynaud) : *Archiv* de Herrig, XLII, 277.

[4] Voir, par exemple, G. Paris, *Chansons du xv° siècle*, n° XX.

se représente l'heure douloureuse de la séparation ; elle maudit le jour qui lui enlève son amant, ou elle s'efforce de le retenir un moment encore [1], ou au contraire elle l'excite, malgré elle, à partir, puisqu'il le faut et que l'aube cruelle arrive [2]. Cette forme toute simple se présente, mais déjà mêlée d'éléments courtois, dans la jolie chanson attribuée à Gace Brulé [3]; une forme plus primitive encore est attestée par un « refrain » cité par M. Jeanroy :

> L'aube s'apert au jor,
> Qui moi et vous depart, dous amis [4];

et on la retrouve à peu près intacte dans la poésie semi-populaire du xve siècle :

> Mon ami, la nuit s'en va et le jour vient :
> Departir de nos amours il nous convient.
> Baisons nous, acollons nous, mon ami gent,
> Comme font vrais amoureux secretement [5].

De très bonne heure, ces plaintes de la femme sont précédées d'un court récit [6] ou font partie d'un dialogue [7]. Dans d'autres chansons d'aube, qui sont sans doute dues à un développement postérieur, c'est l'amant et non l'amante qui parle [8].

Ce qui donne à plusieurs de ces pièces un charme tout particulier, c'est un trait qui paraît fort ancien et qui est profondément poétique. Malgré l'évidence de l'approche du moment qui les oblige à se quitter, les amants ne veulent pas y croire ; ils essayent d'interpréter conformément à leurs vœux les avertissements que leur donne la nature. Dans plusieurs chansons d'aube allemandes, les amants s'efforcent de croire

---

[1] A cette variante appartient sans doute le refrain cité p. 77 : *Est il jors ? nenil encores. Deus, quel parler d'amors fait ores !*

[2] Ce motif est très ancien et se retrouve dans l'antiquité ; voir la chanson locrienne citée par M. Jeanroy, p. 143. Cf. la chanson portugaise inachevée citée p. 142.

[3] Bartsch, *Chrest. fr.* (4e édit.), col. 282 ; cf. Jeanroy, p. 77-78.

[4] Jeanroy, p. 77 (ici et ailleurs je néglige de reproduire dans mes citations les traits dialectaux que présentent parfois les manuscrits).

[5] *Chansons du xve siècle*, n° XXX. Il y a d'abord un récit de l'entrevue.

[6] Le récit lui-même est placé dans la bouche de la femme, dans la charmante pièce I, 31, du recueil de Bartsch.

[7] Le dialogue se rencontre très anciennement, par exemple dans la pièce allemande (mais imitée du français) de Dietmar d'Aist, citée par M. Jeanroy, p. 71. Cf. la pièce I, 38, de Bartsch, où le poète intervient et où toute la mise en scène est fort particulière.

[8] Une parodie pieuse d'aube (*Archiv* de Herrig, XLIII, 245) appartient à cette variation : *Li jors vient : Se de moi ne me souvient, Je sui perdus, S'en doi bien estre esperdus.* Voir encore ce refrain (Raynaud, *Motets*, II, 106) : *Li jorz m'a trové Es jolis braz m'amie.*

que le jour naissant est la clarté de la lune. En France, par une gracieuse variante, ce n'est pas le jour lui-même, c'est l'alouette annonçant son approche que les amants accusent de les tromper. Un « refrain » qui a dû être très répandu dit :

> Il n'est mie jors, saverose au cors gent :
> Si me conseut Deus, l'aloete nos ment [1].

Et ce thème du démenti donné à l'alouette s'est conservé dans une chanson populaire dont il existe beaucoup de variantes [2], et qui a passé en Italie, où elle a subi une altération évidente, d'origine citadine d'après M. Nigra [3] : l'hirondelle a remplacé l'alouette. C'est probablement dans quelque ballade imitée du français que Shakespeare aura trouvé ce motif, qu'il a immortalisé ; la forme qu'il en offre paraît même plus ancienne et plus complète que celles que nous avons conservées : au lieu de donner simplement un démenti à l'alouette, Juliette essaye de se persuader que son chant matinal est le chant nocturne du rossignol, et tel doit bien avoir été le thème primitif [4].

Mais ce n'est pas toujours le chant de l'alouette qui vient frapper l'oreille des amants et les arracher à leur bonheur ; dans plusieurs versions intervient la *gaite*, le veilleur, et l'apparition de ce personnage nous amène à une forme très particulière de la chanson d'aube. Le fait d'être nécessairement placée au point du jour ou à la fin de la nuit la rapprochait de chansons, d'ailleurs d'un tout autre genre, qui étaient consacrées soit à entretenir la veille pendant la nuit, soit à inviter au réveil. Les « chants de veille » nous apparaissent d'abord sous une forme religieuse : Pline le Jeune, dans sa fameuse lettre, atteste déjà que les chrétiens, en Asie Mineure, se réunissaient *ante lucem* pour chanter, et plusieurs des plus anciennes hymnes (notamment de saint Ambroise) sont des *nocturnes*, où les fidèles réunis pour veiller pieusement s'exhortent à ne pas s'endormir [5]. Les veillées de fête, originairement toutes consa-

---

[1] Voir deux variantes dans Jeanroy, p. 68.

[2] Jeanroy, p. 69.

[3] Il a dû exister anciennement en Italie des formes où l'alouette avait conservé son rôle ; voir Crescini, *Per gli studi romanzi* (Padova, 1892), p. 163-168.

[4] M. Jeanroy cite une chanson chinoise d'une très haute antiquité où se retrouve ce motif avec une frappante conformité à nos chansons : le coq chante (il remplace aussi l'alouette dans une chanson populaire vaudoise ; voir Jeanroy, p. 69, n. 2), mais on déclare que ce bruit est le bourdonnement des mouches ; le jour paraît, mais on veut croire que c'est la clarté de la lune.

[5] Une imitation de ces chants pieux est le chant qu'on appelle « des soldats de Modène », et qui est en réalité le chant des clercs exhortant les défenseurs

crées aux exercices pieux, le furent de bonne heure à des divertissements profanes, et il y eut certainement quelques chants de veille de ce genre, mais ils furent naturellement peu nombreux [1]. Le chant de veille a aussi servi à exprimer des sentiments personnels; un amant qui ne dort pas chante son tourment :

> Dormez, qui n'amez mie!
> J'aim, si ne puis dormir [2].
>
> Dorme cuers ou n'a nul bien!
> Ja n'i dormira le mien [3].

Un genre voisin du chant de veille est ce que j'appellerai « le chant d'éveil ». Il présente naturellement diverses variantes. Ou bien une réunion, à l'approche du jour, célèbre le lever du soleil et l'accompagne de l'expression de quelques sentiments appropriés : telles sont, dans l'ordre religieux, plusieurs des plus belles hymnes de saint Ambroise [4]. Ou bien un chanteur en particulier invite ceux qui dorment à se réveiller et leur annonce le lever du jour. La forme de ce genre qui nous semble la plus naturelle est l'*aubade* donnée à une femme aimée; mais elle paraît presque inconnue au moyen âge : l'*alba* provençale est tout autre chose. Elle a cependant dû exister assez anciennement en Provence, d'où nous vient le mot, postérieur d'ailleurs au vrai moyen âge [5]. En France, le chant d'éveil, adressé non à une femme mais à un ensemble de personnes qui doivent sans doute célébrer une fête, a dû être assez répandu, mais ne nous a guère laissé de monuments; on a une chanson de croisade, datant probablement de 1189, qui nous en offre une parodie pieuse et nous en atteste par là l'existence [6]; des

---

de la ville assiégée (en 924 par les Hongrois) à ne pas s'endormir et à chanter des chansons en se relevant au guet : *Fortis juventus, virtus audax bellica, Vestra per muros audiantur carmina, Et sit in armis alterna vigilia, Ne fraus hostilis haec invadat moenia. Resultet echo comes : Eja! vigila! Per muros : Eja! dicat echo, vigila!* (Du Méril, I, 269). *Eja! vigila!* était évidemment le cri des sentinelles.

[1] Citons ce refrain (Bartsch, p. 101) : *Il est anuit nuit de feste, Et demain li jors.*

[2] Bartsch, p. 270.

[3] Raynaud, *Motets*, II, 122.

[4] Cf. Jeanroy, p. 74-75.

[5] Je prends cette occasion de citer le plus ancien exemple du mot que j'aie rencontré; il se trouve dans le roman de *Paris et Vienne*, écrit en 1432 par le Marseillais Pierre de la Sippade : « Paris et Edouard aloient de nuyt soubz la chambre de Vienne, faisans aubades de leurs chançons, car il chantoient moult bien, et puis jouoient de leurs instrumens chançons melodieuses » (fol. IV r°; voir aussi fol. XXXII v°).

[6] *Vos qui amés de vraie amor, Esveilliés vos, ne dormés mais* (il faut lire ainsi au lieu de *pais*, forme du copiste lorrain) : *L'aloete nos trait le jor, Et si*

imitations postérieures nous montrent qu'il n'était pas tombé en désuétude[1]. Par ce point de contact, assez léger d'ailleurs, la chanson d'aube, dont nous allons indiquer très rapidement le développement ultérieur, peut n'être pas sans rapport avec les fêtes printanières, auxquelles il est naturel que le chant d'éveil ait été surtout appliqué.

Mais une forme plus répandue, et qui a eu plus d'importance, est celle où un personnage spécial est chargé de réveiller les dormeurs. Ce personnage, c'est la *gaite* (prov. *gaita*), le veilleur, qui, posté sur la plus haute tour du château, annonce les heures de la nuit, mais a surtout pour mission d'annoncer le jour dès qu'il paraît, de *traire le jor*, comme on disait par une curieuse métaphore. La *gaite* est toujours munie d'instruments de musique[2]; mais elle ne se contente pas de sonner son cor ou sa *buisine*; elle chante parfois toute la nuit[3], ou excite par une chanson, à l'aube, les gens qui dorment à se réveiller[4]. Il y avait là un motif poétique qui a été exploité de très bonne heure : il a déjà fourni le thème de la curieuse pièce latine avec refrain provençal qui remonte au commencement du xe siècle et sur laquelle on a tant disserté sans arriver à la comprendre. Ce n'est pas le veilleur qui chante, puisqu'on y parle de lui (*spiculator*) comme d'un tiers, mais c'est un chant d'éveil analogue à ceux qu'il pouvait chanter. C'est sans doute la parodie religieuse d'un de ces chants ; rien n'indique d'ailleurs que l'amour jouât un rôle dans la pièce originale, destinée à réveiller des gens endormis[5].

---

nos dit en ses refrais *Que venus est li jor de païs...* (Jeanroy, p. 69). L'original portait sans doute : *Que venus est cel jor li mais*, ou quelque chose d'analogue.

[1] Par exemple : *Resveillez vous, tous gentils compagnons* (chanson de 1530, dans le recueil de Weckerlin); ce vers est certainement plus ancien et paraît avoir servi de modèle à une chanson du xve siècle : *Resveillez vous, Picars et Bourguignons*. Notons aussi le refrain encore aujourd'hui très répandu : *Ho! Renaut, réveille-toi, veille, Ho! Renaut, réveille-toi.*

[2] Les témoignages de ce fait seraient innombrables. Je citerai seulement ce passage de *Gautier d'Aupais* où Gautier s'engage comme *gaite* dans un château : *Gautiers est demorés, s'achata moinel, Grant buisine d'arain et cornet et fretel* (p. 10). C'est à cause de cela qu'en catalan, espagnol, portugais, *gaita* a pris le sens de « flûte ». Même en dehors de ses fonctions, la *gaite* se présente naturellement comme habile à jouer des instruments (voir Bartsch, III, 22).

[3] Ainsi Malebouche, chargé des fonctions de *gaite*, dans le *Roman de la Rose* (Jeanroy, p. 63).

[4] Cela est très bien décrit dans un passage de Herbort de Fritzlar où il amplifie ce que lui fournissait l'auteur français qu'il traduisait (Benoit de Sainte-More) : *Der wechter ûf der zinne saz, Sine tageliet er sanc, Daz im sin stimme erklanc Von grozme done : Er sanc : « Ez taget schone ; Der tac der schînet in den sal ; Wol ûf, ritter, über al! Wol ûf, ez ist tac ! »* (Voir Schultz, *Das höfische Leben*, I, 48.)

[5] On trouvera la « littérature » de

Les seuls mots du refrain en langue vulgaire qui soient intelligibles, *l'alba par*, nous montrent déjà le type des *albas* provençales, où le mot *alba* doit toujours figurer au refrain [1].

Mais ce genre en provençal (sauf quelques parodies religieuses) ne se présente à nous que mêlé au thème de la séparation des amants. La fusion s'est faite par des pièces où le chant de la *gaite* n'est, comme celui de l'alouette, qu'un avertissement que les amants entendent, sans qu'il leur soit destiné. Il en est ainsi dans une *alba* anonyme, fort poétique et d'un style archaïque, que M. Jeanroy (p. 80) a traduite avec beaucoup d'élégance, et ce motif a existé en France, comme le montrent certains « refrains » qui nous sont parvenus et dans lesquels on dément la *gaite*, on l'accuse de se tromper, de *traire le jor* beaucoup trop tôt [2] :

> Deus! tant mal m'i fait la guaite,
> Qui dit : « Sus! or sus! or sus! »
> Ains que jors soit venus [3] !

Puis on supposa — évidemment contre toute vraisemblance — que le veilleur, complice des amants, les avertissait par une chanson de se séparer (il est clair que c'eût été le plus sûr moyen de les trahir). Enfin ce fut un ami, un compagnon fidèle (comme dans la célèbre *alba* de Guiraut de Borneil) qui remplit le rôle de la *gaite*. Ce genre a passé en Allemagne (d'abord, d'après Bartsch, chez Wolfram d'Eschenbach); il y a fleuri jusqu'au xve siècle, déployant une richesse extraordinaire de formes, dont Bartsch, dans un travail spécial, a étudié les variations. Le petit drame à trois personnages où le veilleur joue son étrange rôle n'est là qu'un pur symbolisme exprimant la douceur des amours furtives et les amertumes qui en sont inséparables.

En français, nous n'avons en réalité qu'une pièce qui ressemble aux *albas* provençales : c'est la chanson bien connue : *Gaite de la tor*. Elle est peu ancienne, fort compliquée et assez obscure, mais très mouvementée, d'un style vif et d'un rythme gracieux, où l'imitation du son

---

cette pièce dans le livre de M. Jeanroy, p. 73.

[1] On peut voir une imitation de ces *albas* non amoureuses dans la curieuse pièce de Philippe de Novare (*Gestes des Chiprois*, p. 65), où, comme d'ailleurs dans beaucoup de pièces provençales, l'annonce de la venue de l'aube, mentionné à la fin de chaque strophe, est intercalée dans une narration.

[2] Le fait pouvait arriver en réalité : voir dans le *Vair Palefroi* (Montaiglon et Raynaud, I, 55) les conséquences d'une méprise du veilleur qui, ayant trop bu, prend (à l'inverse des amants) la lune pour l'aube : *Il tret le jor et huche et crie : « Levez, seignor! li jors apert! »*

[3] Jeanroy, p. 77 ; il y a deux formes assez différentes de ce fragment.

de la trompe se mêle fort agréablement aux paroles de la *gaite*, du compagnon de l'amant et de l'amant lui-même.

En résumé, il a existé un genre de chanson populaire exprimant la douleur de la femme que son amant est obligé de quitter à la fin d'une nuit d'amour. L'aube y est annoncée par la clarté du jour, par le chant de l'alouette, ou, plus tard, par le signal (cri, chant, son d'instrument) de la *gaite*, tous indices que la femme (plus tard l'amant) essaye de croire prématurés et de démentir, ou simplement qu'elle maudit. A côté de ces chants en existaient d'autres sans rapport avec l'amour : chants de veille, chants d'éveil, chants de *gaite*. En Provence, il se fit une fusion entre ces deux genres, en sorte que la *gaite* fut mise en rapport avec les amants (toujours pour les favoriser) et qu'il s'établit un dialogue entre eux. Cette invention provençale a eu un grand succès dans son pays d'origine et a été surtout imitée en Allemagne ; en France, elle a été peu répandue, mais nous avons de nombreuses traces de l'existence des genres plus anciens de la fusion desquels elle était issue. Toutefois ces genres eux-mêmes — sauf peut-être les chants de veille et les chants d'éveil — n'ont pas de rapport direct avec ceux que nous avons étudiés jusqu'ici et qui se rattachent aux fêtes du printemps. C'est à ces fêtes et aux chansons qui les accompagnaient que nous devons revenir après la parenthèse que nous avons ouverte pour les chansons d'aube.

VI

Le chapitre V du livre de M. Jeanroy, consacré aux « refrains », est assurément le meilleur et le plus important de l'ouvrage. Il demanderait à lui seul un long commentaire, et je regrette de m'être laissé entraîner par l'intérêt des chapitres précédents de telle façon qu'il ne me reste plus assez d'espace pour traiter comme je l'aurais voulu le sujet de celui-ci. Il s'agit des chansons de danse, ou du moins de l'une des formes les plus caractéristiques qu'elles aient eues au moyen âge, notamment au XIIIe siècle. M. Jeanroy a d'abord eu le mérite de reconnaître ce qu'étaient proprement ces « refrains » qui, avant lui, avaient attiré l'attention de nombreux critiques, mais dont le vrai caractère n'avait été qu'entrevu ; il en a ensuite parfaitement saisi l'importance et a présenté sur la place qu'ils doivent occuper dans l'histoire de notre poésie lyrique des vues qui la renouvellent, et qui, même si elles sont parfois incomplètes ou sujettes à certaines restrictions, n'en serviront pas moins de point de départ à tout essai futur d'une reconstruction de cette histoire. Obligé de choisir et d'élaguer dans la masse de faits et d'idées que présente ou suggère ce chapitre, auquel se rattache étroitement toute la suite du livre et notamment l'étude finale sur la forme des chansons, je renonce à suivre pas à pas, en le développant ou en le critiquant, l'exposé du savant auteur; j'essayerai plutôt, en me servant de sa démonstration et en m'appuyant en grande partie sur les preuves qu'il a rassemblées et les déductions qu'il en a tirées, de présenter en résumé ce chapitre de l'histoire de notre poésie, tel qu'il nous apparaît maintenant; des études subséquentes arriveront certainement à éclairer et à préciser plusieurs des points du tableau.

La danse se divise actuellement pour nous en deux genres bien distincts, que j'appellerai la danse professionnelle ou d'exhibition et la danse privée ou de société. L'antiquité grecque a connu les deux : Homère nous représente, sur le bouclier d'Achille, une danse qui ressemble d'une manière frappante aux *caroles* du moyen âge [1], et des témoignages postérieurs de mille ans nous montrent que les jeunes garçons et les jeunes filles n'avaient jamais perdu, dans le monde hellénique, la tradition de ces divertissements gracieux [2]. Le monde romain, par contre, semblerait n'avoir connu que la danse professionnelle : je ne trouve du moins dans aucun document latin la trace d'une danse exécutée, pour

---

[1] « Là, l'illustre Hephaistos avait émaillé une ronde (χόρον) semblable à celle que jadis, dans la spacieuse Cnossos, Daidalos arrangea pour Ariadné aux beaux cheveux. Là de jeunes hommes et des vierges gracieuses dansaient, tenant leurs mains sur le poignet les uns des autres. Celles-ci portaient de légères robes de lin, ceux-là des tuniques bien tissues, auxquelles l'huile donnait un doux éclat. Elles avaient sur la tête de belles couronnes; eux portaient des glaives d'or suspendus à des baudriers d'argent. Tantôt ils mouvaient leurs pieds en ordre, avec une légèreté savante, comme quand un potier essaye le mouvement de la roue qu'il fait tourner dans ses mains; tantôt ils s'avançaient en file à la rencontre les uns des autres. Une foule nombreuse entourait l'aimable ronde, les yeux charmés. Un chanteur accompagnait la danse de sa voix et de sa phorminx, et deux *tombeurs* (κυβιστητῆρε), quand le chant commençait, bondissaient au milieu d'eux. » (*Iliade*, XVIII, 593, 51.)

[2] Si l'on veut mesurer la différence du vieil esprit hellénique avec celui que le christianisme naissant essayait de faire prévaloir, on ne peut que comparer au passage d'Homère qu'on vient de lire celui où Origène parle de la danse usitée de son temps; c'est bien la même ronde de jeunes garçons et de jeunes filles, où on se tient la main et où le chant accompagne les pas, mais quelle impression différente ! « Le diable fait la guerre aux hommes, tantôt par la vue des femmes, tantôt par leur voix, tantôt par leur contact; dans la danse il emploie tous ces engins de guerre ensemble; car là on les voit parées plus que de coutume; on entend leurs chants, leurs rires et leurs discours, et on les touche de la main; aussi avec de tels moyens le diable est sûr de la victoire. »

leur simple plaisir, par des jeunes gens de condition libre[1]. Après l'écroulement de la civilisation romaine, nous voyons au contraire d'assez bonne heure l'usage des danses privées attesté dans notre Occident. Cet usage provient-il de l'Orient? est-il romain, malgré le silence complet des textes? remonte-t-il à une tradition indigène antérieure à la conquête latine? est-il d'importation germanique? Ce sont des questions aussi obscures qu'attrayantes, que j'aimerais à discuter, si cela ne devait pas m'entraîner trop loin. Tout ce que je ferai remarquer pour le moment, c'est qu'aucun des mots romans qui désignent la danse n'est d'origine latine[2]. Le plus anciennement attesté est *ballare*, qui paraît remonter à un mot grec propre au sud de l'Italie; *danser*, qui n'apparaît pas à l'époque antique, mais qui se retrouve en hispano-roman, en gallo-roman, en italien et dans les langues germaniques, est de provenance inconnue; *treschier*, usité en ancien français (*trescar* en provençal, *trescare* en italien), paraît bien d'origine allemande, mais son emploi comme terme de danse est propre aux langues romanes[3]. Le mot le plus intéressant est *caroler*, qui remonte, avec son substantif *carole*, au grec χοραυλεῖν, proprement « accompagner de la flûte une danse en rond », mais qui a pris en France (l'italien *carolare* vient du français) le sens spécial de « danser en rond en s'accompagnant de chansons ». Je n'ose tirer de l'hellénisme originaire de ce mot aucune conséquence, d'autant plus qu'il n'existe pas dans le grec populaire, et que χοραύλης, « joueur de flûte accompagnant un chœur dansant », avait passé en latin dès le Ier siècle sous la double forme *choraules* et *choraula*; toutefois je ferai remarquer que des danses parfaitement semblables à celles de notre moyen âge, et souvent, comme elles, exécutées exclusivement par des femmes, sont encore usitées en Grèce[4]. Ce qu'il faut noter, c'est que,

[1] Je ne vois à citer qu'un passage de Tibulle, où, se représentant une sorte de « paradis d'amour », il y dépeint des danses aux chansons (*Hic choreae cantusque vigent*), qui doivent bien reproduire ce que nous appelons des danses de société; mais ce morceau est bien probablement imité du grec, et le mot *chorea* lui-même est grec, ainsi que *chorus* et *choraules*.

[2] *Saltare* signifie « sauter » et non « danser » dans toutes les langues où il a passé.

[3] *Espringuier* est aussi un terme de danse d'origine germanique (*springan*), et il a en ancien allemand un sens très semblable à celui du français; mais ce sens découlait très naturellement de celui de « sauter ». — Le pr. *estampida*, d'où l'it. *stampita*, l'anc. fr. *estampie*, est aussi d'origine allemande; mais l'allemand n'emploie pas les mots de cette famille comme termes de danse (l'anc. all. *stampfe* ou *stampente* vient du français).

[4] On connaît la ronde tragique des femmes de Souli. Les voyageurs modernes ont maintes fois décrit ces danses, qui sont aussi attestées à l'époque byzantine.

malgré le sens du mot grec originaire, la carole française est indépendante de la flûte et généralement de tout instrument : c'est essentiellement une danse aux chansons où on se tient par la main. Elle a comme telle une importance spéciale pour le sujet qui nous occupe.

Les caroles étaient souvent exécutées par des femmes seules, et autour du cercle dansant les hommes se rangeaient pour regarder. M. Jeanroy a rassemblé de cet usage de nombreux témoignages, qu'il serait naturellement facile d'augmenter. Déjà au vii° siècle le passage célèbre de la vie de saint Chilian nous montre une chanson en langue vulgaire accompagnant des rondes de femmes : *Ex qua victoria carmen publicum juxta rusticitatem per omnium pene volitabat ora ita canentium, feminaeque choros inde plaudendo componebant.* Un fragment de chanson lyrico-épique nous met exactement sous les yeux la répartition des plaisirs que prenait un jour de fête la haute société du xii° siècle :

> Souz un chastel q'en apele Biaucler
> En mout poi d'ore i ot granz baus levez.
> Ces damoiseles i vont por caroler,
> Cil escuier i vont por bohorder,
> Cil chevalier i vont por esgarder [1].

Ces rondes de femmes, nous les retrouvons [2] dans Chrétien de Troies (*Erec*, v. 2047), dans *Gui de Nanteuil* (v. 2511), dans *l'Art d'amours* de maître Élie (v. 133, 137), dans *Durmart le Galois* (v. 2333), dans plusieurs de ces «chansons de caroles» dont nous allons parler, dans les sermonnaires [3], dans la *Clef d'amours* (v. 437, 1569, 1575, 2614, 2670), dans les *Tournois de Chauvenci* (v. 3093), dans la *Berte* d'Adenet (265, 302), dans l'étrange commentaire fait au xiv° siècle de l'*Art d'aimer* d'Ovide [4], et encore, à la fin du xiv° siècle, dans les descriptions de Froissart [5].

Toutefois, ni en France ni ailleurs, cet usage des rondes exclusivement féminines ne fut le seul; il s'en faut de beaucoup, et l'usage des rondes

---

[1] *Guillaume de Dole*, v. 5184 (éd. de M. Servois, sous presse).

[2] D'après M. Jeanroy (p. 391), «dans la description que fait Wace des noces d'Arthur, les femmes *carolent* pendant que les hommes *bohordent*»; toutefois je ne trouve rien de tel dans Wace.

[3] Voir entre autres Ét. de Bourbon, p. 161 : une jeune fille, à Angers, *cum alii irent ad sermonem, alias socias convocabat ad choreas.*

[4] Ce commentaire nous présente toujours les chansons de caroles comme chantées par les femmes. Voir notamment *Hist. litt. de la France*, XXIX, 479.

[5] Voir surtout dans la *Prison amoureuse* (v. 405 ss.) le charmant tableau des caroles dansées à la cour de Savoie en 1368.

mixtes est également très ancien et très répandu. La belle et sombre légende des danseurs maudits nous montre en Allemagne, au xie siècle, une ronde composée d'hommes et de femmes qui se meut au son d'une chanson à refrain [1]. Le même usage est attesté en France dès le xiie siècle par de nombreux témoignages [2]. Dans le récit d'un tournoi qui eut lieu à Joigni, probablement un peu avant 1180, le biographe de Guillaume le Maréchal nous représente les dames carolant avec les chevaliers au son d'une chanson que chantait Guillaume [3]. La description la plus parfaite que nous ayons d'une carole de ce genre est celle que Guillaume de Lorris a donnée dans le *Roman de la Rose* (v. 731 ss.).

Ce qui caractérisait surtout les caroles, c'était le chant qui les accompagnait. Il y avait un des danseurs, le plus souvent, même dans les caroles mixtes, une des danseuses, qui « chantait avant » [4], et les autres « répondaient », c'est-à-dire reprenaient le refrain. Dans la *Vie de Guillaume le Maréchal*, après que Guillaume a chanté, on voit un héraut le remplacer à la carole et improviser une chanson :

> Mais el refret out : « Mareschal,
> Kar me donez un bon cheval. »

Jacques de Vitri compare la femme qui « chante avant » (*que prima cantat*) au chapelain qui chante le verset et auquel les clercs répondent, ou, moins poliment, à la vache qui, dans un troupeau, porte la son-

---

[1] Je me propose d'écrire une étude sur la date, la patrie et les différentes versions de cette légende. On peut voir en attendant une note de l'*Hist. litt. de la France*, t. XXVIII, p. 203; G. Raynaud, dans les *Études romanes dédiées à G. Paris*, p. 53.

[2] Par exemple Chrétien, *Charete*, éd. Tarbé, p. 48; *Tournois de Chauvenci*, v. 1343 (et 287); *le Châtelain de Couci*, p. 129 (cf. p. 65, 68, 128, 181).

[3] Voir maintenant l'édition de M. Paul Meyer, v. 3471 ss.

[4] *Entour le pin pour quaroler Avoit puceles qui chantoient; Es quaroles qu'eles fesoient N'avoit qu'un tout seul chevalier, Et cil por la joie esforcier Chantoit avant...* (*Meraugis*, p. 156); et plus loin, *Méraugis va quaroler l'escu au col Et chante avant* (p. 157); *Tant chante avant et tant querole* (p. 158); *Il chante avant et fiert du pié* (p. 159). Ce battement du pied était destiné à marquer la mesure; nous le retrouvons comme une fonction du *Vorsänger* (c'est le nom allemand, répondant au latin *praecentor*, de notre avant-chanteur) dans la curieuse description de carole donnée par le moine Iring vers 1150 (voir Böhme, *Geschichte des Tanzes in Deutschland*, t. I, p. 20) : *Choraala* (ce mot désigne ici le meneur de la ronde) *in medio preambulus ibat, pedibus plaudebat, ore jubilabat*. C'est sans doute encore le même sens qu'a *plaudendo* dans le passage de la vie de saint Chilian cité à la page précédente.

nette[1]; ailleurs il la considère comme l'appeau du diable[2], car la carole, dit-il, est un cercle dont le centre est le diable, et tous tournent à gauche, parce que tous tendent vers la mort éternelle. M. Jeanroy a cité plusieurs passages où est attesté l'usage de l'alternance du soliste qui chante et du chœur qui « répond », c'est-à-dire qui répète le refrain. Il serait facile de rapprocher nombre de textes allemands qui nous montreraient absolument le même usage; d'Allemagne il s'est répandu dans le nord, en Danemark, en Norvège, et on le retrouve encore aujourd'hui, tel absolument qu'au moyen âge, aux îles Færœ, qui, on le sait, ont conservé intactes beaucoup d'antiques traditions : au milieu d'une réunion un *Forsanger* se lève et entonne une chanson; hommes et femmes se prennent par les mains et forment une chaîne : le mouvement consiste simplement en ce que l'on fait en mesure trois pas *vers la gauche*, puis on se balance un peu, on rapproche le pied droit du gauche, ensuite on détache le gauche, et ainsi de suite; un vers remplit le temps pendant lequel on fait les trois pas, et le refrain paraît occuper les temps consacrés au mouvement balancé[3]. Les branles du Poitou, si célèbres au moyen âge, étaient des danses pareilles; Jehan Tabourot, qui les décrit dans son *Orchesographie*, remarque que le mouvement en est toujours dirigé de droite à gauche[4]. On peut d'ailleurs, dans nos provinces de l'Ouest, voir encore de semblables rondes exécutées soit par les jeunes filles seules, soit par les jeunes gens des deux sexes; le refrain y joue le même rôle, et les vers et le refrain y sont en intime accord avec les mouvements des danseurs[5].

Il faut donc nous représenter les caroles comme des rondes ou des chaînes[6] composées soit de femmes seules, soit d'hommes et de femmes se tenant par les mains et tournant à gauche, accompagnées toujours de chansons et quelquefois d'instruments très simples ne servant qu'à mar-

[1] Éd. Crane, p. 131, et Jeanroy, p. 392. — Éd. Crane, p. 114.

[2] Cité dans Lecoy de La Marche, *Étienne de Bourbon*, p. 162.

[3] Voir le beau livre de M. Johannes Steenstrup, *Vore Folkeviser*, p. 17 et ailleurs.

[4] Voir l'édition de Mme Fonta (Paris, Vieweg, 1888), p. 78.

[5] Je ne me rappelle pas si le mouvement de ces rondes va toujours vers la gauche; il me semble plutôt qu'il alterne; ce serait un point assez curieux à observer.

[6] Il n'est pas sûr que la carole fût toujours, ou même d'ordinaire, une chaîne fermée, c'est-à-dire proprement une ronde; les représentations que j'en connais dans les manuscrits la représentent plutôt ouverte. Toutefois il semble que la chaîne non fermée et suivant un conducteur s'appelât proprement *tresque*. Aux Færœ, il ne parait pas que la chaîne soit close. Dans nos rondes de paysans de l'Ouest, si je ne me trompe, elle l'est toujours; mais l'ancienne *tresque* paraît subsister dans la *farandole* provençale.

quer le rythme [1]. Ces chansons étaient entonnées par un soliste (le plus souvent une femme), et le refrain [2], qui en formait un élément indispensable, était repris en chœur par toute la bande. Quelles étaient les chansons qu'on chantait aux caroles? C'est ce qu'il nous faut maintenant examiner.

VII

Les plus anciens témoignages que nous ayons conservés nous montrent les rondes de femmes exécutant des chansons héroïques et guerrières : ainsi dans le passage de la vie de saint Chilian, auquel il faut toujours en revenir [3]. Mais il est probable que de pareilles chansons, sur des faits absolument contemporains, étaient exceptionnelles, et qu'en général on chantait en dansant des chansons lyrico-épiques d'un caractère plutôt romanesque. La légende des danseurs maudits nous donne, traduits malheureusement en latin, les deux premiers vers et le refrain de la chanson qui accompagnait la carole :

> Equitabat dux Bovo per silvam frondosam;
> Ducebat sibi Mersuindem formosam.
> *Cur stamus? quid non imus?*

[1] *C'est cil qui porte le tabor Le diemenche a la carole* (*Aïoul*, v. 644), dit-on en parlant d'un jeune « vilain », le coq du village évidemment.

[2] Qu'il me soit permis de placer ici quelques observations sur le mot *refrain*. On trouve *refrait* (voir Godefroy, Jeanroy, p. 103, et le passage cité de *Guillaume le Maréchal*), *refrai* (rimant avec *lai*, Jeanroy, p. 103, de même *refrais* au pluriel rimant avec *mais*), *refrain*. Ce sont trois mots différents, mais tous trois intimement liés au verbe *refrangere* pour *refringere* : l'un est *refractus*, l'autre *refragium*, le troisième est un substantif verbal tiré de *refraindre*. Le verbe et le substantif ont originairement ici un sens purement musical, sur lequel je ne puis m'étendre pour le moment. *Refroit*, qu'on trouve aussi, mais tardivement (Jehannot de Lescurel, p. 7 : *Dits entés sur refroiz de rondeaux*), paraît n'être qu'une manière d'écrire *re-fret*. A côté de dérivés de *refrangere*, on employait dans le même sens des dérivés de *reflectere*, ce qui jette du jour sur le sens du premier verbe : le mot *refloit*, employé au sens de « refrain » par Gotfrid de Strasbourg dans sa traduction du *Tristan* de Thomas, est un mot français qui ne nous a pas été conservé ailleurs et qui paraît répondre à un *reflectum* bas-latin; c'est ce même mot, ou *reflexus*, qui est indiqué par l'abréviation *Refl.*, placée, dans les *Carmina Burana*, devant les vers qui servent de refrain; cf. le passage suivant de Giraud de Barri, dans sa *Gemma ecclesiastica* (je cite d'après De Coussemaker dans l'*Art harmonique*) : *quamdam partem cantilenæ ad quam sæpius redire consueverunt, quam* reflectorium *sive* refractorium *vocant.*

[3] Au XIIe siècle, en Angleterre, et dans un milieu sans doute purement saxon, nous voyons de même des femmes

Cette chanson doit-elle être considérée comme allemande, anglaise ou romane? C'est ce que pourra nous apprendre une étude critique des diverses formes de la légende où elle est intercalée. Ce qu'il y a de sûr, c'est que ce fragment en rappelle de près un autre, en français celui-là, et appartenant à une chanson de carole du xiie siècle ;

> Renaus o s'amie chevauche par un pré;
> Tote nuit chevauche jusqu'au jor cler,
> *Je n'avrai mès joie de vos amer*[(1)].

D'autre part, il présente, par la forme comme par le sujet qu'il laisse entrevoir, une ressemblance frappante avec les *viser* scandinaves, qui, comme l'a démontré M. Johannes Steenstrup, étaient toutes des chansons destinées, malgré leur caractère sérieux et souvent même très sombre, à accompagner la danse, comme elles l'accompagnent encore aux îles Færœ. Or, que chantait-on autrefois en dansant en Suède et en Danemark, que chante-t-on encore aux Færœ? Surtout des chansons héroïques et romanesques, des aventures tragiques et poétiques, d'amour, de guerre, de crimes et de vengeances. Ces chansons sont toujours composées de strophes de deux vers munies d'un refrain et ressemblent ainsi parfaitement tant à celle de notre légende qu'à nos plus anciennes chansons lyrico-épiques, qui, d'après une conjecture de M. Jeanroy, n'avaient que deux vers par strophe (comme celle que je viens de citer) ou même n'en avaient qu'un, avec le refrain. Il est donc bien vraisemblable que les chansons de carole de l'époque féodale primitive ressemblaient aux *kämpeviser* scandinaves et en avaient, autant que le permettait notre génie national, la rude et sauvage poésie.

Mais il est probable que de bonne heure, à côté de ces chansons sérieuses, les danses furent accompagnées par des chansons d'un autre caractère, plus légères de forme et aussi de fond, et qui justifiaient les attaques dont elles furent l'objet de la part des prédicateurs. Ce qui paraît avoir amené surtout ces chansons, et ce qui exerça, je l'ai déjà dit dans le cours de cet article, une incomparable influence sur toute la poésie lyrique du moyen âge, ce furent les fêtes de mai. On a vu par les précédentes remarques que déjà les chansons à personnages, les pastourelles,

---

danser au son de chansons exaltant un héros réel et vivant : *Mulieres et puellae de eo in choris canebant* (*De gestis Herewardi Saxonis*, dans Michel, *Chron. anglo-norm.*, II, 6).

[(1)] *Guillaume de Dole*, v. 2380. Cette chanson sert, dans le roman où elle est citée, à accompagner des *karoles* (v. 2355) qui ont cela de particulier qu'elles sont dansées par des hommes seuls; mais cela tient à des circonstances fortuites et exceptionnelles.

et jusqu'à un certain point les débats et les « chansons d'aube » se rattachent à ces fêtes par des liens plus ou moins étroits. Mais ce sont surtout les chansons de danse qui en portent visiblement l'empreinte. Non seulement, aux jours du renouveau, et particulièrement le premier mai, on allait aux bois *querir le mai*, on s'habillait de feuillage, on rapportait des fleurs à brassées, on ornait de violettes les portes des maisons, mais c'était le moment où, sur la prairie verdoyante, les jeunes filles et les jeunes femmes menaient des rondes pour ainsi dire rituelles. Sans entrer dans une description complète des fêtes de mai, je me bornerai à quelques citations qui mettent bien en lumière ces gracieuses coutumes dans leurs rapports avec les caroles. Au XIIe siècle les auteurs des *Carmina Burana* font souvent allusion à ces danses que les jeunes filles menaient aux chansons pour célébrer le renouveau :

> Ludunt super gramina virgines decore,
> Quarum nova carmina dulci sonant ore [1].

Dans le Midi, un passage des plus intéressants de *Flamenca*, cité par M. Jeanroy, nous décrit les réjouissances de la *kalenda maya*, et nous apprend que les chansons qu'on chantait alors, et dont le poète nous donne une sorte d'imitation, se terminaient par le cri de joie : *Kalenda maya!* En France, à côté du nom de *kalende de mai* (*Guillaume de Dole*, v. 3475), on employait pour les fêtes de mai celui de *maieroles* [2], et les chants et danses des jeunes filles en étaient toujours le trait le plus saillant ; Raoul de Houdan nous le montre dans ce passage :

> N'i remaint dame qui ne soit
> Venue, et toutes vont chantant.
> Les puceles, dont i ot tant,
> Vienent chantant et font quaroles
> Si grans qu'onques as maieroles
> Ne veïstes greignors......[3].

[1] P. 191; voir encore p. 179, 189.
[2] C'est le même mot que l'it. *maggiojolo,-a*, et cette identité prouve l'existence d'un lat. vulg. *maiariolus*.
[3] *Meraugis*, p. 123. Citons encore ce joli passage de *Guillaume de Dole* (v. 4141) : *Tait li citoien s'en issirent Mie nuit por aler au bois... Au matin, quant li jors fu granz Et il aporterent lor mai, Tout chargié de flors et de glai Et de rainsiaus vers et foilluz; Onc si biaus mais ne fu veüz De glai* (ms. *gieus*), *de flors et de verdure. Par mi la cité a droiture Le vont a grant joie portant, Et dui damoisel vont chantant... Quant il l'orent bien pourchanté, Es soliers amont l'ont porté Et mis hors par mi les fenestres... Et getent par tot herbe et flor Sor le pavement, por l'onor Dou haut jour et dou haut concire* (cf. v. 4692). Rapprochez la pièce de Guillaume le Vinier : *Le premier jor de mai* (Bartsch, III, 29).

En Italie, le *calendimaggio* n'était pas moins joyeusement célébré : le Grec Marulle, qui le vit à Florence au xvᵉ siècle, nous l'a décrit dans de jolies strophes latines :

> Non vides verno variata flore
> Tecta ? non postes viola revinctos ?
> Stat coronatis viridis juventus
>   Mixta puellis.
>
> Concinunt majas pueri kalendas,
> Concinunt senes bene feriati ;
> Omnis exultat locus ; omnis aetas
>   Laeta renidet [1].

Les chansons que des jeunes filles et des jeunes femmes chantaient en dansant aux calendes de mai ont dû naturellement avoir un caractère gai et printanier. Souvent elles célébraient simplement le mois de mai, la nature renaissante, la verdure, les fleurs, le chant des oiseaux. C'étaient proprement les *reverdies* dont j'ai parlé plus haut. Nous n'avons guère conservé de ces chansons [2] : nous en retrouvons l'écho dans des pièces latines [3] ou allemandes [4] insérées dans le recueil des *Carmina Burana* et qui dérivent sans doute de *reverdies* françaises. En France les chansons de danse qui nous sont parvenues (presque toujours en simples fragments) placent d'ordinaire au premier rang ou même contiennent uniquement l'invitation à l'amour, et cela dans une forme très particulière, à laquelle nous devons nous arrêter.

Les fêtes de mai remontent certainement à l'époque païenne, et elles en ont conservé l'empreinte. C'étaient des fêtes consacrées à Vénus ; on y célébrait sans réserve son empire sur les cœurs, on y enseignait ses leçons. Le *Pervigilium Veneris*, imitation artistique des chansons qui égayaient ces fêtes, nous en montre parfaitement l'esprit :

> Cras amet qui nunquam amavit, quique amavit cras amet !

Il est donc naturel que l'amour ait été célébré avec le printemps dans les chants qui accompagnaient les danses de mai. Le plus ancien de ces chants qui nous soit parvenu n'est pas français, bien qu'il soit inséré dans un recueil français, le célèbre chansonnier de Saint-Germain. C'est la pièce limousine bien connue qui nous montre la *regina*

---

[1] Cité par A. d'Ancona, *Origini del teatro italiano*, II, 249.

[2] Nous citerons cependant plus loin quelques couplets ou « refrains » qui appartiennent à ce genre primitif.

[3] *Carm. Bur.*, nᵒˢ 100, 108, etc.

[4] *Ibid.*, nᵒˢ 100ᵃ, 101ᵃ, 103ᵃ, 104ᵃ, etc.

avrillosa, la reine de mai [1], menant la danse avec ses compagnes et en excluant le *gelos*, c'est-à-dire son mari lui-même, et tous ceux qui n'« aiment » pas. Cette pièce précieuse, ainsi qu'une autre moins ancienne, dans la même langue et absolument dans le même ton [2], nous donne bien l'inspiration de ces danses, de ces fêtes qui étaient, on peut le dire, comme les saturnales des femmes, et qui ont le caractère à la fois abandonné et conventionnel qu'indique ce rapprochement. C'est un moment d'émancipation fictive, émancipation dont on jouit d'autant plus qu'on sait très bien qu'elle n'est pas réelle et qu'une fois la fête passée il faudra rentrer dans la vie régulière, asservie et monotone. À la fête de mai, les jeunes filles échappent à la tutelle de leurs mères, les jeunes femmes à l'autorité chagrine de leurs maris; elles courent sur les prés, se prennent les mains, et, dans les chansons qui accompagnent leurs rondes, elles célèbrent la liberté, l'amour choisi à leur gré, et raillent mutinement le joug auquel elles savent bien qu'elles ne se soustraient qu'en paroles. Prendre au pied de la lettre ces bravades folâtres, ce serait tomber dans une lourde erreur; elles appartiennent à une convention presque liturgique, comme l'histoire des fêtes et des divertissements publics nous en offre tant [3]. La convention, dans les *maieroles*, dans les *kalendas mayas*, était de présenter le mariage comme un ser-

---

[1] L'usage de faire en mai une *reine*, une *comtesse*, une *déesse* de mai, nous est attesté par de nombreux documents et n'a pas encore disparu.

[2] Raynaud, *Motets*, 1, 151. Cette pièce est curieuse en ce que le *rondet* qui la forme (l'autre couplet, premier du texte, parait fabriqué à l'imitation du rondeau pour faire un *motet* en parties) semble avoir été composé en langue d'oc (sans doute altérée dans le manuscrit) par un Français; au moins *commendat* au v. 4 serait en prov. *comendet* (on pourrait corriger *l'a comendat*, mais le couplet imité porte également *le*). Voici ce rondeau, qui mérite d'être rapproché de la pièce célèbre citée dans le texte : *Tout cil qui sont enamourat Viengnent dançar, li autre non; La regine le comendat : Tuit cil qui sont enamourat! Que li jalous soient fustat Fors de la dance d'un baston! Tout cil qui sont enamourat Viegnent dançar* (ms. *avant*), *li autre non!* Ce rondet était répandu, car il est cité dans la *Court de paradis* (éd. Méon, p. 141) : *Tout cil qui sont enamourat Viengnent danssier, li autre non!*

[3] Encore au xviie siècle, où l'usage de danser aux chansons s'était conservé même dans la société la plus élégante, nous voyons (par exemple dans Tallemant des Réaux) que des femmes très honnêtes chantaient, à cette occasion, des chansons qui professaient ouvertement l'immoralité la plus éhontée : cela ne tirait pas à conséquence. Aujourd'hui encore, en Normandie, en Bretagne, les jeunes filles accompagnent souvent leurs rondes de chansons excessivement libres, qui ne causent pas du tout de scandale, et qui n'autoriseraient pas à leur tenir après la danse des propos semblables. On sait ce que chez tous les peuples les fêtes du mariage ont souvent autorisé et presque exigé de licence.

vage auquel la femme a le droit de se dérober, et le mari, le « jaloux », comme l'ennemi contre lequel tout est permis. Ce n'est pas seulement, comme le dit à plusieurs reprises M. Jeanroy, le thème de la « mal mariée », car dans la plupart de ces chansons on ne fait au mari aucun reproche, si ce n'est précisément d'être le mari : c'est une théorie badine, qui oppose la liberté de l'amour à l'asservissement du lien conjugal. Toutes ces pièces ont pour point de départ des chansons de femmes dansant entre elles, s'excitant par l'absence des hommes et couvertes par l'immunité de la fête[1], par ce qu'on pourrait appeler la *libertas maia*.

Toutefois ces chansons, que j'appellerais d'adultère si le mot n'était pas beaucoup trop gros, et sur lesquelles j'ai dû insister parce qu'elles ont pour toute l'histoire de la poésie du moyen âge une importance capitale, ne sont pas les seules qui aient accompagné les danses de mai, et ne paraissent pas même, dans la France du nord au moins, être les plus anciennes. Beaucoup célébraient simplement, avec le charme du renouveau, le plaisir d'être jeune, la joie de la danse, la beauté ou la parure féminine, ou l'amour dans le cœur d'une jeune fille, soit à l'état d'aspiration vague et générale, soit à l'état d'affection fixée. Nous retrouverons tous ces thèmes dans les débris qui nous sont arrivés de notre ancienne poésie de danse.

VIII

La chanson de la *regina* est à peu près la seule que nous possédions en entier, et si l'on a pris la peine de la copier dans un manuscrit français, cela tient sans doute précisément à ce qu'elle était étrangère. C'est dans le roman de *Guillaume de Dole* (vers 1205) que nous voyons apparaître nos fragments à la fois les plus anciens et les plus précieux. L'auteur de ce roman se vante, en effet, d'avoir inventé un nouveau genre de composition, où « on chante et lit », et d'avoir intercalé dans son récit des chansons de toutes sortes. Plusieurs de celles qu'il insère sont des chansons de danse, et il les fait chanter dans les caroles qu'il décrit; malheureusement il n'en cite que le premier couplet. Nous trou-

[1] On comprend que la chose devenait plus grave et plus dangereuse quand les jeunes « bachelers » se mêlaient aux caroles, et l'on s'explique très bien la réprobation que ces chansons et ces danses provoquèrent de la part de l'Église et surtout des prédicateurs (voyez les citations données ci-dessus, p. 45). Elles n'étaient cependant guère dangereuses qu'en paroles; le contact entre danseurs et danseuses se bornait aux mains, et la danse tournante par couples, qui, de nos jours, a à peu près détrôné toutes les autres, était inconnue.

vons d'abord cinq variantes de la chanson de *Bele Aelis*, qui jouit d'une vogue extraordinaire à la fin du XIIe siècle et au commencement du XIIIe, et qui peut servir de type des chansons alors usitées. Le premier couplet, le seul que nous possédions, a été pris fort bizarrement pour thème d'un sermon composé vers 1214[1]; il se retrouve, en outre, dans un pot-pourri de Baude de la Carrière[2]; il a servi de point de départ à deux « sons d'amours »[3]. Les formes diverses de ce premier couplet, où diffèrent la mesure et la rime, où nous voyons apparaître les refrains intercalaires ou empruntés, nous mettent sous les yeux, à ce qu'il semble, les transformations que la chanson de carole, en partie par son propre développement, en partie sans doute sous des influences étrangères, a subies au commencement du XIIIe siècle. Je regrette de ne pouvoir ici les étudier dans le détail. Plusieurs autres chansons de carole citées dans *Guillaume de Dole* ressemblent à *Bele Aelis;* telles sont celles de *Mauberjon*, de *Marot*, de *Doete* : le centre en est toujours une jeune fille qui se lève, va dans le jardin ou à la fontaine, ou part pour le bal ; on ne sait jamais ce qui lui arrive ensuite, le premier couplet étant seul communiqué. D'autres représentent simplement la fête de mai, ses danses et ses joies, comme celles-ci :

> Tout la gieus sor rive mer,
> *Compaignon, or dou chanter!*
> Dames i ont baus levez :
> *Mout en ai le cuer gai.*
> *Compaignon, or dou chanter*
> En l'onor de mai! (v. 4154 ss.);

> C'est tot la gieus en mi les prez;
> *Vos ne sentez mie les maus d'amer!*
> Dames i vont pour caroler :
> *Remirez voz braz!*
> *Vos ne sentez mie les maus d'amer*
> Si com je faz! (v. 513 ss.);

ou cette délicieuse invitation au *vireli*, sorte de figure des danses en commun[4] :

> *Tendez tuit voz mains a la flor d'esté,*
> *A la flor de lis,*
> *Por Deu, tendez i!* (v. 5099 ss.).

[1] Lecoy de La Marche, *La Chaire française au* XIIIe *siècle*, p. 92, 196.
[2] Bartsch, I, 71.
[3] Bartsch, II, 87.
[4] Cf. cette parodie pieuse d'une chanson de vireli : *Entre vos qui tendes les bras Et qui alés au vireli, Regardés vostre creatour Qui pour vous les siens estendi* (Jeanroy, p. 427). Sur le mot *vireli*, voy. ci-dessus, p. 24, n. 4.

Guillaume de Dole ne nous présente que des chansons comme celles que je viens de citer, légères merveilles de grâce et de poésie, pleines de la senteur du printemps et de l'innocente gaieté de la jeunesse, du plaisir de la danse et d'une sorte de mysticisme amoureux à la fois troublant et enfantin.

Ces chansons n'ont pas encore la forme, plus tard dominante, du *roondet*, ou triolet, couplet de huit vers où le vers 1 revient trois fois, le vers 2 deux fois[1]. La plupart ont bien des refrains intérieurs, mais ces refrains paraissent avoir été des espèces de « passe-partout » qui s'intercalaient, suivant la rime, dans des couplets qui à l'origine ne les comportaient pas. Ce caractère simple et libre de la forme semble être en rapport avec les thèmes et l'esprit des plus anciennes chansons de carole conservées[2].

Les couplets de cette structure disparaissent pour nous à peu près en même temps qu'ils nous apparaissent[3]. Les fragments de chansons de carole que nous trouvons ensuite, aux XIII° et XIV° siècles, insérés dans des romans, accommodés à des pastourelles ou utilisés dans des motets[4], sont extrêmement nombreux, mais toujours très courts. M. Jeanroy a donné une liste à peu près complète des sources où nous recueillons ces fragments; il en a (je l'ai dit plus haut) déterminé le vrai caractère : ce sont des refrains au sens propre du mot, empruntés à des chansons à danser, et pour la plupart à des *roondets*. M. Jeanroy a ensuite dissipé l'illusion d'après laquelle on aurait affaire ici à de la vraie et pure poésie populaire; il a montré que beaucoup de ces refrains appartiennent à la poésie courtoise, qu'ils en ont toutes les formules et toutes les conventions, et que ce qu'ils nous ont conservé de poésie populaire, à

---

[1] La forme de ces couplets a été étudiée par M. Jeanroy dans sa troisième partie; je me propose d'en reprendre ailleurs l'examen en changeant un peu le point de vue.

[2] Au même genre appartient une chanson qui, comme celle de *Bele Aelis*, a servi de base à un sermon (Lecoy, p. 197), et qui, seule de ce groupe, présente le thème de l'amour révolté contre le mariage, en même temps que son refrain la rattache aux fêtes de mai : *Sor la rive de la mer Fontenele i sordeit cler; La pucele i vuet aler (Violete ai trovee! Je doing bien congié d'amer Dame mal mariee)*. Ce refrain devait être très goûté aux caroles au XIII° siècle; Étienne de Bourbon paraît aussi y faire allusion (éd. Lecoy, p. 447).

[3] On en trouve encore quelques-uns dans les plus anciens des romans composés à l'imitation de *Guillaume de Dole*. On peut aussi se faire une idée des chansons de danse du commencement du XIII° siècle par les parodies pieuses de Gautier de Coinci. Les *ballettes* du manuscrit d'Oxford appartiennent à un genre plus récent et plus conventionnel.

[4] Les refrains apparaissent à peu près en même temps dans la *Violette* (vers 1225) et dans des pastourelles de Tibaud de Blaison (1215-1225).

quelques exceptions près, n'est qu'un reflet plus ou moins lointain. Plus on avance d'ailleurs dans le temps, plus l'élément courtois domine dans ces refrains. Plus nous remontons, au contraire, plus nous rencontrons fréquemment ceux qui ont tout de suite attiré et charmé les premiers savants qui les ont remarqués dans les chansons ou les poèmes où ils sont intercalés : ils se distinguent par une grâce mutine, une poésie d'expression, une vivacité d'allure, qui contrastent du premier coup d'œil avec la marche pesante, la froide scolastique et le style monotone des chansons proprement courtoises.

Ces refrains, qui nous donnent évidemment le ton des chansons auxquelles ils se rattachaient, mériteraient une étude spéciale, que je ne puis leur consacrer présentement. Je me bornerai à indiquer les principaux groupes entre lesquels ils se répartissent[1]. Rappelons-nous qu'ils appartiennent à des chansons de danse, et notamment aux chansons de danse du mois de mai. Il est donc naturel qu'un premier groupe célèbre simplement le printemps et les fêtes qui l'accompagnent[2]. La joie qui remplit les cœurs est en elle-même le motif d'un certain nombre de refrains[3]. Un nombre plus grand encore nous montre en pratique la danse, à laquelle les chansons étaient consacrées : les unes ne parlent que de danse[4], les autres y mêlent l'amour[5]; par une conception que nous avons déjà rencontrée dans la chanson de la *Regina*, on exclut de la danse ceux qui n'aiment pas[6], les jaloux[7], enfin les « vilains »[8]; certains mouvements de la danse étaient accompagnés de paroles qui les exprimaient[9]; d'autres fois, les paroles désignaient un choix fait par

[1] Je citerai pour chaque groupe un ou deux exemples typiques; les renvois, pour être plus courts, sont faits au livre de M. Jeanroy, à moins qu'il ne s'agisse de refrains qu'il n'a pas cités.

[2] *Je gart le bos Que nus n'en port Chapel de flors s'il n'aime* (J. 395); *Entre glai et fueille et flour et violete* (J. de Lescurel, p. 57); et surtout : *A la renverdie, au bois! A la renverdie!* (*Hist. litt. de la France*, XXIII, 221), vrai chant de maieroles.

[3] *Fai te gaite, fai me voie, Par ci passent gent de joie* (J. 146); *J'ai joie ramenee ci* (J. 147); *Faites joie, menés joie Mal gré la vilaine gent* (J. 394).

[4] *Espringuiez legierement, Que li sollers ne fonde* (J. 205); *Maine je, maine*

je bien la dance A la guise de Normendie? (J. 389): Sor le pont a Pontoise La carole borjoise; Deus! com mes cuers s'envoise! (Bartsch, p. 164).

[5] *Dehé ait qui d'amer ne balera Et qui ne se renvoisera!* (J. 394); *Espringuiez et balez liement, Vos qui amés par amors loiaument* (J. 395).

[6] *Vos qui amez, traiez en ça, En la qui n'amez mie* (*Chastel. de S. Gilles*); *Voit en la qui n'aime mie, voit en la* (J. 394); déjà dans *Bele Aelis* : *Por Deu, traiez vos en la, Cil qui n'amez mie!*

[7] *Dormés, jalos, je vos en pri, Dormés, jalos, et je m'envoiserai* (J. 179).

[8] *Vos le lairés, vilain, le baler, le joer, Mais nos ne le lairons mie* (J. 395).

[9] *Alez mignotement Dui et dui* (Guill.

une femme parmi les danseurs ou inversement, ce qui était censé impliquer une déclaration d'amour (de même encore aujourd'hui dans certaines danses de nos enfants)[1]. Mais la grande masse des refrains se rapporte simplement à l'amour : dans les plus anciens il ne figure que comme un sentiment très général, fleur de gaieté, de printemps et de fête; mais plus tard on le voit souvent précisé, et l'on rencontre même, quoique très rarement, l'expression de l'amour triste, qui semble singulière en pareille occurrence et n'est d'ailleurs jamais bien profonde[2].

Aux refrains consacrés à l'amour se rattachent ceux qui ont trait au mariage, et sur lesquels il convient d'appeler particulièrement l'attention. La façon dont le mariage est traité dans nos chansons est celle que j'ai indiquée plus haut comme formant une des inspirations des fêtes de mai : elle est toute conventionnelle et ne saurait être prise au sérieux. Un premier groupe nous montre simplement une jeune fille décidée à résister à un mariage qui ne lui plaît pas; cela n'aurait rien que d'acceptable si déjà dans le ton il n'y avait quelque chose d'un peu trop libre et rebelle[3]. Mais les chansons les plus nombreuses nous montrent le mariage accompli : la femme alors n'a jamais assez d'imprécations, n'exhale jamais autant qu'elle le voudrait sa haine contre son mari, haine qui va jusqu'à l'atrocité[4], et cela sans une exception, sans qu'il y en ait une qui soit contente de son sort, ou qui, du moins, témoigne quelque affection à celui qu'elle a épousé. Aussi, naturellement, le ménage marche mal : le mari bat sa femme, qui proteste que cela ne peut que l'engager encore plus à « amer »[5]. Que son mari la batte et qu'elle veuille s'en venger, on peut trouver cela naturel; mais qu'elle le lui dise en face, qu'elle se raille de lui et le bafoue avec l'impudence et l'impudeur qui s'étalent dans nos refrains[6], c'est ce qui, assurément, ne s'explique pas par l'imitation de

de Dole, v. 2518); *Tout ensi vait qui aime jolietement* (J. 395); *Par ci va la mignotise, Par ci ou je vois* (Robin et Marion), etc.

[1] *Deus! la voi, la voi, La bele blonde, a li m'otroi* (Motets, I, 164); *Je tieng par la main m'amie, S'en vois plus mignotement* (J. 395); *Veez le la, demandez li Se m'amors li agree* (Chastel. de S. G., 373).

[2] Il est inutile de donner des exemples de ces refrains d'amour; ils forment la majorité de ceux qui nous sont parvenus.

[3] *Ja ne me marierai, Mais par amors amerai* (Viol., p. 8); *J'aim mieus morir pucele Qu'avoir mauvais mari* (J. 178); *Ja n'iere au vilain donee Se cuers ne me faut* (J. 179).

[4] *Honiz soit mariz qui dure Plus d'un mois! Quinze jors ou trois semaines, C'est li droiz* (Hist. litt., XXIX, 480); *Pleüst a Dieu que chascune de nous Tenist la pel de son mari jalous!* (Mot., I, 130).

[5] *Batue sui por amer de mon baron, Et si n'en faz nul semblant se rire non* (Renart le Novel, p. 315); *Quant plus m'i bat et destraint mes maris, Tant ai je plus en amor ma pensee* (J. 179).

[6] *Ja ne lairai por mon mari nel die;*

la réalité, surtout en un temps où la puissance maritale était bien autre chose qu'aujourd'hui[1]. Au reste, dans un dernier groupe, nous voyons l'adultère érigé en théorie, le droit de la femme à prendre un amant proclamé, si elle a un « mauvais mari », et même sans cette dernière et peu efficace restriction[2].

Ainsi nos chansons de danse se dénoncent comme appartenant à un genre absolument conventionnel, et la cause, le point de départ de cette convention, ce sont les fêtes de mai, d'origine et de tradition païennes, au milieu desquelles elles sont nées. Ces fêtes ont dû être d'abord purement populaires; mais quand il se forma une société aristocratique, elle continua, en le marquant de son empreinte propre, ce qui avait jadis été commun à toute la nation, et les chansons de carole que nous avons ont toutes été composées à son usage. C'est ce qui ressort avec évidence du cadre dans lequel, dès leur apparition, elles se présentent à nous. Ce sont, dans *Guillaume de Dole*, dans la *Violette* et ailleurs, les plus hauts seigneurs et les plus grandes dames qui accompagnent leurs danses de ces couplets qu'on a voulu faire passer pour des débris de la poésie du peuple; les mêmes, non plus en dansant, mais à d'autres occasions, chantent les chansons de poètes « courtois » connus. Beaucoup de refrains respirent d'ailleurs cette haine du « vilain »[3] si singulièrement répandue dans toute la poésie courtoise, qui par là, il faut l'avouer, ne nous semble guère mériter le titre qu'elle se donne. Ce n'est pas assurément chez les vilains, c'est-à-dire dans le peuple, qu'ont dû se former ni même se répandre des chansons animées de cet esprit[4].

Li miens amis jut anuit avuec moi (Bartsch, I, 24, etc.); *Sofrés, maris, et si ne vos anuit: Demain m'avrés et mes amis anuit* (Bartsch, I, 20); *Ne m'en chaut de ce vilain: Chape a pluie me fera* (Hist. litt., XXIX, 480).

[1] En regard de ces chansons de femmes, nous voyons, dans un petit nombre de refrains, les hommes exprimer, mais platement, leur opinion sur le mariage, qui est d'ailleurs identique à celle des femmes.

[2] *Je doing bien congié d'amer Dame mal mariee* (voir ci-dessus, p. 54, n. 2); *Mal ait qui por mari Lait son loial ami!* (J. 178); *Ja Dieus ne me doint corage d'amer mon mari Tant com j'aie ami tel com je l'ai choisi!* (J. 178).

[3] *Fol vilain doit on huer Et si le doit on gaber* (Bartsch, p. 86); *Ostés cel vilain, ostés! Se vilains atoche a moi Nis del doi, je morrai* (Bartsch, p. 178); *Saroit dont vilains amer? Nenil ja, nenil ja! Diables lui aprendra* (Bartsch, p. 177). — Il faut remarquer ce que dit l'auteur de *Guillaume de Dole* de son roman, qui est *si divers Et brodez par lieus de biaus vers Que vilains nel poroit savoir*.

[4] Il est vrai que dans les pastourelles on voit souvent des refrains mis dans la bouche des bergères; mais ces pièces sont tellement factices et conventionnelles qu'elles ne sauraient rien prouver; il n'y a pas de refrains dans celles, plus réalistes, qui nous représentent les jeux et les danses des bergers. Adam de la

Et cependant les chansons de carole, surtout dans leur forme la plus ancienne, portent bien encore la marque de leur origine populaire et de leur attache aux fêtes de mai. Elles en ont gardé jusqu'au bout deux traits caractéristiques : la joie du renouveau et la glorification de l'amour envisagé surtout comme une révolte contre le mariage. L'origine populaire de ces deux traits n'est pas douteuse; mais d'autre part il faut remarquer qu'ils se retrouvent dans tout l'ensemble de la poésie courtoise, et ce rapprochement me paraît avoir pour l'histoire littéraire une importance plus grande qu'on ne l'a constaté jusqu'ici.

IX

Je voudrais en effet rendre vraisemblable cette thèse que la poésie des troubadours proprement dite, imitée dans le Nord à partir du milieu du XIIe siècle, et qui est essentiellement la poésie courtoise, a son point de départ dans les chansons de danses et notamment de danses printanières, et subsidiairement que les chansons qui lui ont servi de point de départ appartenaient à une région intermédiaire entre le Nord et le Midi, et qu'elles ont rayonné au Midi pour s'y transformer très anciennement, au Nord pour y rester longtemps telles quelles [1].

D'abord, un des traits les plus caractéristiques de la poésie des troubadours, c'est cette éternelle description du printemps qui commence leurs pièces. On a souvent remarqué la monotonie de ce début presque obligatoire, qui a passé avec l'art des troubadours à leurs imitateurs, et l'on a cherché à l'expliquer de différentes façons. Il s'agit tout simplement de formules consacrées par les chansons de mai : toute chanson d'amour

Halle, dans *Robin et Marion*, a usé avec habileté de ce procédé en ne faisant chanter à ses bergers que des refrains convenables à leur condition : ces refrains ne pourraient-ils pas être allégués comme preuve du caractère populaire des chansons de carole ? Non : ce sont des *bergeries* faites par d'autres que des bergers; elles ont, on l'a vu plus haut, leur origine dans de vraies chansons de bergers et de bergères, mêlées aux fêtes de mai, mais ces chansons nous ne les avons pas. Tous ces refrains nous présentent largement développé le type tout factice de Robin, généralement accompagné de Marion; ce sont là des productions purement artistiques, qui n'ont rien à faire avec la poésie populaire.

[1] M. Jeanroy, dans plusieurs passages de son livre, a soutenu une opinion à peu près pareille en admettant dans la France du nord une première imitation du provençal, beaucoup moins servile et formelle; mais il y a eu, ce me semble, propagation plutôt qu'imitation proprement dite, et en outre il ne s'agit pas ici, à vrai dire, de provençal (je sais que l'auteur emploie lui-même ce mot dans un sens très large).

est originairement une *reverdie*; plus tard, on ne comprit plus le sens de ce motif légué par une tradition oubliée, et des protestations, qu'il serait intéressant de recueillir et de commenter, s'élevèrent contre cette tyrannie d'abord en Provence, puis en France, ensuite en Allemagne, en Portugal et dans les autres pays qui avaient accueilli l'art courtois[1].

Les chansons de printemps, nous l'avons vu, célèbrent la joie, la gaieté, la *joliveté*, inhérentes à la saison nouvelle. Or ces qualités ont pris une telle place dans la lyrique provençale que *joi* (*gaug*, *jai*) est devenu pour ainsi dire synonyme de poésie[2], et c'est de cette idée qu'est venu plus tard le nom de *gai saber*, *gaia ciencia*.

A l'idée de gaieté, dans les chansons de mai, s'associe tout naturellement celle de jeunesse[3]. En provençal *jove*, *jovent* ont, comme *joi*, un sens consacré dans la langue de la poésie, et la formule *joi e jovent* est tellement typique qu'elle prouve infailliblement chez les auteurs français qui l'emploient une connaissance de l'art provençal[4].

Enfin[5] le printemps, la joie et la jeunesse sont intimement liés à l'amour dans les chansons de danse, et ils le sont également dans la

---

[1] M. Jeanroy a présenté (p. 390) des observations analogues.

[2] Voir Settegast, *Joi in der Sprache der Troubadours* (Leipzig, 1889), et *Romania*, XIX, 159.

[3] Il en est d'ailleurs de même du mot *jovent* tout seul, employé dans le sens de « culture élégante, mondanité », comme dans les deux exemples de Guiot de Provins et de Jacques de Cisoing cités (mais non compris) par M. Godefroy.

[4] On pourrait se demander aussi si l'hostilité contre les vilains ne vient pas à la poésie courtoise des chansons de danse, où elle est souvent exprimée (voir ci-dessus). Mais l'inverse est plus probable. Les chansons de danse que nous avons ne sont pas fort anciennes, et le sens défavorable donné au mot *vilain* par opposition à *corteis* leur est antérieur. Il y aurait du reste d'intéressantes recherches à faire sur l'histoire de l'emploi de ces deux mots dans leurs divers sens.

[5] Aux éléments qui lui sont communs avec la chanson de danse la poésie courtoise en ajoute deux autres, qui y ont pris une grande importance : la personnification d'Amour, considéré comme un suzerain féodal, et une conception très particulière des rapports de l'amant avec la dame (voir, dans le t. XII de la *Romania*, mon étude sur le *Lancelot* de Chrétien). Mais ces deux éléments paraissent, en comparaison des autres, récents et extérieurs : le premier est dû aux clercs, imbus des souvenirs de l'école (cf., surtout avec le contresens constant du moyen âge sur les mots *miles* et *militare*, le *Militat omnis amans et habet sua castra Cupido* d'Ovide); le second a été élaboré au milieu du XIIe siècle par des femmes raffinées. On pourrait encore signaler l'idée que pour *valoir* il faut aimer; mais cette idée, fort ancienne dans la poésie courtoise, n'est pas sans analogie avec une des idées favorites de nos chansons : il faut être amoureux, disent-elles, pour être admis à la carole; il faut être amoureux, disent les troubadours, pour être compté parmi les courtois.

8.

poésie courtoise. L'amour est l'inspiration dominante de toute cette poésie, au point que le nom d'*amors* a été donné, comme on sait, à cette poésie elle-même, et que les *Leis d'amors* sont la même chose que les *Leis del gai saber*.

Les chansons de danse, propres surtout à ces fêtes de mai que j'ai comparées à des saturnales, déclarent le mariage insupportable ou le considèrent comme virtuellement aboli : la poésie lyrique ne célèbre jamais l'amour qu'en dehors du mariage ou plutôt contre le mariage, et les livres où sont exposées les théories dont cette poésie est l'expression établissent comme premier dogme que l'amour, essentiellement libre, est incompatible avec le mariage, qui est une servitude. Une conception aussi singulière ne peut être que conventionnelle; il lui faut un point de départ, qu'elle a peu à peu oublié, mais qui l'explique, et ce point de départ se trouve dans le caractère des anciennes fêtes de Vénus, des anciennes *Floralia*, devenues nos « kalendes de mai ».

Ainsi la poésie que nous voyons s'épanouir au XIIe siècle dans le Midi, et dont on a tant recherché l'origine, semble être essentiellement sortie des chansons de danse qui accompagnaient les fêtes de mai. Ces chansons ont dû exister un peu partout en Gaule, mais leur transformation en une poésie de société aristocratique a dû avoir lieu en un point spécial. Quel est ce point? Je ne puis, pour le moment, exposer les rapprochements qui m'ont conduit à une opinion sur ce sujet; je me borne à en donner le résultat, que je crois très vraisemblable : c'est la région qui comprend à peu près le Poitou et le Limousin, longtemps soumis aux mêmes ducs, et dont le second a été, comme on sait, le berceau même de la langue littéraire du Midi, tandis que l'autre a fourni, avec le plus ancien troubadour connu, cette reine Aliénor qui parlait encore poitevin à la cour de Louis VII, et qui a si puissamment contribué à répandre au nord de la France l'art nouveau formé au Midi. Les chansons de danse, soit poitevines, soit limousines, ont pénétré, dans la France du nord, bien avant les productions des troubadours, non pas dans le peuple, mais dans la haute société, et elles y ont été imitées probablement sans grands changements; ce sont ces imitations que nous font connaître les couplets à refrain conservés par l'auteur de *Guillaume de Dole;* par une modification insensible, elles ont produit plus tard les *roondets* dont une mode du XIIIe siècle nous a transmis les refrains. Dans le Limousin, ces mêmes chansons ont subi la transformation réfléchie qui en a fait des chansons courtoises, fidèles longtemps en tout et toujours par quelques points à leur première inspiration; pour la forme, on constate que beaucoup des strophes des plus anciens troubadours sont identiques aux couplets des chansons de carole françaises[1], avec cette différence caractéristique que les vers formant le refrain dans ceux-ci sont, dans celles-là, des vers comme les autres vers de la strophe : c'est la suppression voulue de ce qu'il y avait à la fois de plus populaire et de plus spécial dans les chansons originairement destinées à accompagner la danse. Cette poésie limousine, bientôt répandue dans la Gascogne, le Périgord et l'Auvergne, plus tard dans le Languedoc et la Provence, était destinée, on le sait, à avoir, hors du domaine où la langue qu'elle s'était faite pouvait être adoptée, un prodigieux épanouissement, à susciter en France et en Allemagne une poésie lyrique d'imitation, à créer celle de l'Espagne et du Portugal, et à féconder en Italie le sol où devaient plus tard fleurir et la poésie subtile ou sublime de Dante et la poésie délicate et raffinée de Pétrarque. Tout cela, si je ne me trompe pas dans mes rapprochements et mes inductions, provient des *reverdies*, des chansons exécutées en dansant, aux fêtes des calendes de mai, déjà sans doute à l'époque antérieure aux croisades, par les jeunes filles et les jeunes femmes des campagnes, puis des châteaux, du Poitou et du Limousin.

X

J'ai laissé de côté, pour ce rapide exposé, le livre de M. Jeanroy, et je n'ai que le temps d'en dire encore en terminant quelques mots trop insuffisants. Tout ce qui a été exposé plus haut sur les refrains revient, en grande partie, à M. Jeanroy, et on ne le comprendra bien que si on en voit, dans son ouvrage, les preuves patiemment recherchées et habilement présentées. Il est un point cependant sur lequel je ne serais pas tout à fait d'accord avec lui. Il a, par un travail aussi ingénieux que savant, cherché dans la poésie étrangère, notamment allemande, italienne et portugaise, des XIIIe et XIVe siècles, les chansons dont le pendant se retrouve dans notre propre poésie populaire au XVe et surtout au XVIe siècle : il y a relevé un certain nombre de « thèmes » communs, qu'il considère, en vertu de ce rapprochement, comme ayant dû exister en France dès le XIIe siècle et s'y étant perdus, et il a cru en retrouver aussi quelques-uns dans nos refrains de chansons de carole. Sans toucher ici à l'ensemble de son argumentation et de son système, je dirai que les

---

[1] Sur toutes ces questions de construction rythmique, on ne peut trop recommander la troisième partie du livre de M. Jeanroy.

chansons de carole du moyen âge qui nous ont été transmises me paraissent appartenir à une tout autre catégorie que celle des chansons populaires qu'il veut en rapprocher. Rien n'y est pris vraiment au sérieux, comme dans les poésies naïvement populaires, où l'amour est une affaire grave, la seule affaire grave, où le mariage, s'il est parfois considéré comme un joug lourd et pénible, est toujours présenté comme un devoir, quand il n'est pas (ce qui est l'ordinaire) regardé comme le seul bonheur auquel on aspire. M. Jeanroy le remarque lui-même[1] avec sa finesse et sa justesse de coup d'œil habituelles : ce thème de la *mal mariée*, qui figure si abondamment dans les chansons populaires françaises, provençales, italiennes depuis le xve siècle, et qui, lui, est déjà représenté dans nos refrains, ce thème ironique et souvent grivois n'appartient pas à la poésie populaire naïve et spontanée. Si une telle poésie a existé en France au moyen âge comme expression sincère de sentiments soit généraux, soit personnels, elle ne nous a pas laissé de monuments[2], et je ne saurais considérer, avec M. Jeanroy, même une partie de nos refrains comme pouvant nous la représenter. Les chansons françaises pour lesquelles on constate une vraie parenté avec des chansons étrangères sont toutes de date relativement récente; quant aux refrains, les rapprochements que l'auteur essaye d'en tirer sont beaucoup moins convaincants. Ils ne nous présentent qu'un amour conventionnel, toujours enfermé, qu'il s'agisse d'une aspiration générale ou d'un choix fixé, dans des formules typiques,[3], et déjà, comme dans la poésie courtoise, souvent synonyme à la fois de *joie* et de *valeur*. Mais c'est surtout dans la façon dont elles considèrent le mariage que le caractère conventionnel et spécial de ces chansons éclate au grand jour. Presque toutes sont des chansons de femmes, et ce ne sont pas, assurément, des sentiments du genre de ceux qu'elles expriment que, dans la réalité, les jeunes filles ou les jeunes femmes manifestent ou éprouvent envers leurs maris futurs ou présents. A entendre nos chansons, rien ne ferait plus horreur aux femmes que le mariage; et la façon dont elles le déclarent, avant et pendant, suffirait à inspirer aux hommes la même horreur, en sorte que, s'il avait existé une société dont ces chansons fussent l'expression, elle aurait

---

[1] Voir p. 89-90, et surtout p. 155.

[2] Sauf peut-être quelques pièces d'un tout autre genre que les chansons de carole, et n'ayant aucun rapport avec elles, comme les chansons d'aube, qui en effet, comme on l'a vu (p. 35), se retrouvent dans la poésie populaire du xve siècle.

[3] Dans les quelques centaines de refrains que je connais, je n'en ai trouvé qu'un qui semble exprimer un sentiment réel : *Je vois as noces mon ami, Plus dolente de moi n'i va.* C'est bien peu, et même dans ce cas encore, si l'émotion paraît sincère, le cadre est fictif.

bien vite aboli l'institution conjugale. Mais tout cela n'est qu'un jeu, un amusement de jour de fête, et il ne faut pas plus demander à ces chansons de renseignements sur la vraie poésie populaire qui a pu exister à côté que sur les mœurs et les idées réelles de celles qui, dans les caroles, « chantaient avant » ou « répondaient ».

Le livre de M. Jeanroy, comme tous les livres qui apportent à l'histoire non seulement des faits nouveaux, mais des idées nouvelles et importantes, sera certainement le point de départ de beaucoup d'autres études, et c'est ce qui en fait en grande partie le mérite. On peut dire de ce livre, à plus juste titre que de bien d'autres, qu'il fera époque. L'histoire de notre plus ancienne poésie lyrique, avant M. Jeanroy, était à peine sortie du chaos; il y a introduit de l'ordre, de la lumière, et une singulière intelligence de la valeur des faits et de leurs rapports. En même temps, dans sa dissertation latine sur les plus anciens imitateurs des troubadours en langue d'oïl, il établissait avec certitude les relations de forme et de fond de la poésie lyrique courtoise du Nord avec celle du Midi[1], et il fixait, généralement avec beaucoup de sûreté, la chronologie des débuts de cette poésie dans le Nord. L'histoire littéraire du moyen âge français, grâce aux travaux, les uns déjà publiés, les autres en préparation, de quelques jeunes gens imbus des meilleures méthodes et joignant à la passion de leur sujet le sang-froid de la critique la plus prudente, est en train de se renouveler complètement[2]. M. Jeanroy avait choisi pour son premier livre un des chapitres les plus difficiles de cette histoire; il l'a traité avec une grande supériorité, et il aura donné à tous ses lecteurs le désir de le voir continuer des études où son coup d'essai est un coup de maître.

---

[1] En même temps à peu près paraissaient sur ce sujet des observations de M. Paul Meyer dans la *Romania* (t. XIX, p. 1-62). Les deux critiques se sont souvent rencontrés, ce qui ne peut que donner une idée favorable de l'érudition et de la sagacité de M. Jeanroy.

[2] Je songe à quatre thèses parisiennes de doctorat ès lettres, dont deux sont déjà soutenues et deux le seront bientôt : celle de M. Jeanroy sur *Les Origines de la poésie lyrique;* celle de M. Ernest Langlois sur *Les Origines et les sources du Roman de la Rose* (Paris, 1891); celle de M. Léopold Sudre sur le *Roman de Renart,* et celle de M. Joseph Bédier sur les *Fableaux* (ces deux dernières n'ont pas encore paru).

www.ingramcontent.com/pod-product-compliance
Lightning Source LLC
LaVergne TN
LVHW051500090426
835512LV00010B/2253